说谎心理学

[德] 乌特·艾尔哈特　[德] 威廉·尤能 著

高会真　廉德冰 译

北京联合出版公司
Beijing United Publishing Co.,Ltd.

图书在版编目（ＣＩＰ）数据

说谎心理学 /（德）艾尔哈特，（德）尤能著；高会真，廉德冰译 . -- 北京：北京联合出版公司，2015.7（2022.11 重印）

ISBN 978-7-5502-4914-1

Ⅰ．①说… Ⅱ．①艾… ②尤… ③高… ④廉… Ⅲ．①谎言－心理学分析 Ⅳ．① C912.69

中国版本图书馆 CIP 数据核字（2015）第 053967 号

说谎心理学

作　　者：［德］艾尔哈特　　［德］尤能

译　　者：高会真　廉德冰

出 品 人：赵红仕

责任编辑：丰雪飞

封面设计：赵银翠

北京联合出版公司出版

（北京市西城区德外大街83号楼9层 100088）

北京新华先锋出版科技有限公司发行

天津旭丰源印刷有限公司印刷　新华书店经销

字数180千字　620毫米×889毫米　1/16　14印张

2015年7月第1版　2022年11月第2次印刷

ISBN 978-7-5502-4914-1

定价：49.00元

目 录
c o n t e n t s

引 言

第 1 章 揭开被掩盖的真相和谎言

1. 关于谎言的七个谎言 / 008

2. 我们是天生的说谎者 / 013

3. 你以为诚实很容易吗 / 017

4. 变化中的真相 / 022

5. 信则真，不信则假 / 028

6. 快乐的"虚构症患者" / 031

7. 无处不在的谎言 / 034

8. 说谎比诚实更贴近自然 / 038

第 2 章 在不诚实的爱情中相爱

1. 爱情中的经济学 / 044

2. 谁的爱情始终诚实如一 / 050

3. 你为什么喜欢我 / 055

4. 基因中的爱情程序 / 062

5. 最熟悉的陌生人 / 069

6. 男人、女人、谎言 / 075

7. 没有永久的激情 / 081

I

第 **3** 章　如何发掘谎言中的幸福力

1. 幸福是一种主观感受 / 088

2. 比真相重要的积极能量 / 092

3. 成熟的防卫 / 098

4. 坚不可摧的友情 / 101

5. 强大的"谎言治愈力"/ 104

6. 不多不少的秘密 / 109

7. 让自己幸福起来 / 113

8. 创造幸福的练习 / 117

第 **4** 章　怎样做个正直的说谎者

1. 与谎言"互利共生"/ 124

2. 暗藏危机的真相 / 128

3. 真相真有那么重要吗 / 131

4. 父母和孩子的谎言游戏 / 135

5. 诱人的是谎言，还是商品 / 140

6. 亲社会的谎言 / 145

7. 究竟为什么相信谎言 / 149

第 5 章　为什么会说谎的人混得更好

1. 你所知道的职场谎言 / 156

2. 声音是怎么骗人的 / 162

3. 异议、借口、谎言 / 166

4. 怎样把谎言说得跟真的似的 / 172

5. 领导们的谎言 / 176

6. 测谎仪真的能测谎吗 / 181

7. 人人都可以是识谎高手 / 185

第 6 章　为什么我们常常骗自己

1. 我们为什么纠结 / 194

2. 世界是对的，我也是 / 197

3. 我们可以活得更好 / 203

4. 真假难辨的过去 / 209

5. 对自己说谎，让内心平衡 / 213

结 束 语 / 216

➡ 引 言

如果有人说："我从不说谎！"那么实际上，他已经在说谎了。

谎言是专属于人类的，它充满诱惑，并且对我们大有裨益。每个人都在有意或无意地修改真相，因此可以说——人人都在说谎！如果你企图让谎言从生活中彻底消失，那么你将举步维艰、处处碰壁。你会失去朋友，使事业受阻，使自己变得易怒。

我们对别人说谎，也对自己说谎，以掩饰那些令我们尴尬的事情。我们粉饰谎言，并且容易忘记自己说过的谎。就算是我们精心策划过的谎言，也会慢慢淡出记忆，就像那些曾让我们开怀的笑话一样。而一旦我们用谎言成功地达到目的，我们就需要一套道德上的托词来说服自己——我们仍是品德良好的人。虽然我们进行了小小的欺骗，但谁也不想当骗子，即使是面对我们自己，也绝不能做一个骗子——我们高度遵守"保持诚实"的原则。

这听起来似乎自相矛盾，其实不然。如果一个人觉得说谎是种罪恶，那么当他承认自己说谎时，也就意味着必须立刻修正自己的所作所为，以停止这种"罪恶"，或者更清醒而谨慎地守住谎言，因为在他看来，一旦谎言被戳穿，自己将没有立足之地。

谎言只有在隐秘的状态下，才能充分发挥它的作用。所以，能够编织巧妙的谎言并不值得炫耀。谁会在求婚时强调说谎是种有效的技巧呢？但是一次成功的迷惑性演习，还是值得我们偶尔为之悄悄地欢欣鼓舞下。

说谎是一种能力，是高智商的表现，没有它的存在，就没有这个交际的世界。谎言是人际交往中不可或缺的工具，它能够减少各色人群之间的利益冲突，也让我们自己显得更加完美，因此，谎言通常带着某种宽厚的意味。

在生活中，好的谎言帮助我们建立并维持友谊，提升幸福感；在事业上，巧妙的谎言帮助我们获得优势，提高成功率；在爱情的世界里，善意的谎言也是不可或缺的。

在本书中，虚伪的奉承、有意的忽略、"半真半假"的事实，以及在某些情况下的沉默，都将被纳入谎言的范畴。

不过，本书要探讨的不是说谎行为有什么危害，而是通过研究无处不在的谎言，揭示类似于"为什么很多在冲动之下脱口而出的荒谬谎言难以被觉察到""为什么我们会在某一瞬间突然说谎""怎样利用谎言让我们的世界变得更加美好"的问题。

本书的主旨绝不是强迫你说谎，或者要把你变成一个毫无责任的说谎者，而是要培养你对谎言的感知能力、辨别能力，以及运用能力。

为此，我们必须抛弃"谎言是重大罪恶"这一偏见，只有这样，我们才不会带着恶意与攻击，才能通过善意的方式揭开谎言的神秘外衣。

　　来吧，一起参与这个编造谎言的行动吧！你会慢慢变得敏锐，能够轻易识破谎言并泰然处之，而且能够很准确地把握某一谎言背后的真实意图。

第 1 章

揭开被掩盖的**真相**和**谎言**

鹦鹉能够张嘴说话，但却不是人类；他们要想和人类一样，就需要学会说谎。

——［德］罗伯特·伦布克

本章导读

我们的内心常常进行善恶的较量，向善的一面时不时地盘算着这个英雄主义般的念头：始终只说真相。在某一短暂的时刻，我们相信，一切将因此变得更容易、更开放、更清楚。然而，结果却往往适得其反：一切都变得更复杂、更充满斗争、更具有破坏性。

● 同事再次邀请你吃饭："下周去我家吃晚餐吧！"你在心里想："鬼才去呢！你妻子做的饭那么难吃，你自己呢，没喝两杯就不省人事了……"

● 一个只有点头之交的邻居非要和你聊天，他说："关于这个问题，我要跟你好好谈谈。"其实你在心里说："我可没兴趣，你的观点老套过时，跟你谈话简直就是浪费时间！"

● 在一个宴会上，你和女主人兴致勃勃地谈论着古典音乐。她穿了一条领口非常低的裙子。你不加掩饰地盯着她的领口，内心灼热，不断有声音在说："跟你说话真有意思，不过我更醉心于你那低低的领口……不如去卧室吧！"

● 一位魅力非凡的男同事邀请你参加团队讨论，当他问你现在应如何处理某一事件时，你的内心却在说："怎么处理？哦，我不在乎。我只想被你那闪烁着光芒的眼睛注视，只期待我的后背能被你的双手抚摸……"

我们几乎可以肯定，在以上这些情况下，没有人会诚实。谁会承认自己野心勃勃、自私自利，或者耽于情色呢？为了避免争端，或者维护自己的形象，或者仅仅为了得到一点儿安宁，每个人都在掩饰，都会说谎。

"真诚最持久"这句话就像"地球是个圆盘"一样不靠谱。批判社会的言论很少能够畅通无阻，如果我们仍希望"诚实"地传达自己的想法，那就必须花费更多的精力，找出一个能被社会接受的版本。我们或沉默，或掩盖，或修饰语言 —— 你知道，很少有人会把这看作欺骗，而你完全不用为此感到不安。我们称其为社交上的灵活、精神上的聪明、交际上的礼貌，但绝不是谎言。

在接下来的几页中，你或许会不止一次地遭遇矛盾的冲击 —— 你会感觉人根本就无法绕开谎言，但要你明确地拥护谎言，你又感到迟疑。这是一场不可避免的争斗，它出现在每一个个体乃至整个社会中。因此，只有当你把谎言当作生活中合理的存在时，你才能更好地了解自己和周边，并且为自己抵制抨击谎言的评论感到兴奋。

当然，必要的道德约束是不可或缺的。

谎言只能是调味品，永远不能成为主食，因为一个只有谎言的社会，将会被打上"不信任"的烙印；而一旦失去信任，所有的约定都将变得毫无意义，社会将会立马分崩离析。

1.关于谎言的七个谎言

最成功的说谎者，是那些使最少量的谎言发挥最大作用的人。

——[英国]塞·巴特勒

向谎言致敬！

一个俄罗斯女贵族与她的男仆一起私奔到美国。没有人理解，她为什么要放弃宫廷贵妇无忧无虑的生活，选择成为身无分文的移民，去过缺衣少食的苦日子。多年以后，她客死纽约，死时依然清贫。

至于那个问题：为什么要选择这条路？她的答案从未变过："很简单，是他的奉承——你难以想象，他把语言编织得有美妙，让我觉得自己是世上最美丽的女人。"

奉承是世界通用的人际交往润滑剂，而说白了，也只是谎言的一种形式。但在奉承与被奉承时，我们甚至感觉不到谎言的存在。因此，我们往往会忽视这么一个事实：我们经常理所当然地说谎。

在法庭上，我们被要求说出真相，做伪证或进行虚假陈述将会被处以高额罚款，甚至面临牢狱之灾。但即便如此，这也只能让很少一部分人说真话。就算是法官，也不能完全保证真相浮出水面。

在日常生活中，因说谎而面临的制裁更是时有时无。那么，为什么不说谎呢？总之，谎言会伴随我们一生，不管我们乐意与否。

在本章的开始，笔者首先要帮助你认清关于谎言的七个谎言。

谎言一：谎言会破坏交际

我们彬彬有礼，我们赞美他人，我们给予别人希望得到的关切，我们微微一笑去掩盖愤怒。我们明明心存怀疑，却又点头表示赞同，只是为了避开冗长且没有意义的讨论。很多社交性的谎言往往微不足道，但却可以让我们保持和平，共同生活。

谎言究竟会不会破坏交际呢？

或许一个弥天大谎会毁掉一段感情，但在现实生活中，情侣之间仅仅因为一次说谎就劳燕分飞的情形却并不多见。在每一个品德高尚的人眼中，说谎无疑是卑鄙的。但是正如我在前言中所说，成功的谎言能够成就好的结果。

为了让别人领会自己想要表达的意思，我们有必要选择性地说真话。谁要是缺乏这种社交敏感，就会比那些谨慎聪明的说谎者更快失去社会的认可。

因此，如果你想在社会上有立足之地，请学会说谎。

谎言二：说谎者是世上最孤独的人

道德传统告诉我们：爱说谎的人将面临众叛亲离的危险。所谓的"一次说了谎，到老人不信"，说的就是说谎的危害。但事实却告诉我们：谁要是死命坚持赤裸裸的真相，他将会面临无边的孤独。

那些习惯吹牛的人，他们的故事有一半都是凭空捏造的；那些绘声绘色的冒险、言过其实的英雄行为、尴尬而有趣的笑话，谁都知道不是真的，但却很享受谎言带来的乐趣。吹牛者不管是在唱独角戏，还是在娱乐大众，都不会感到孤独。

能将谎言巧妙地用于社交的人，也很少会感到孤独，因为他们能很好地避免摩擦。

许多社会学家指出：在社会生活中，大约有三分之二的谎言是"亲社会"的，它们间接地服务于说谎者，其主要目的是维持社会和平。

谎言三：真正聪明的人根本不需要谎言

如果你持有这种观点，请务必忘了它。

当一个人想要说一个成功的谎言，就必须时时刻刻杜撰新的"事实"，而这个"事实"和我们的知识水平密切相关。换言之，谎言恰恰是一个人聪明才智的表现。说谎者所拥有的知识水平决定了其预见矛盾、构思谎言的水平。

例如，一个小男孩站在空糖果盒前说："我没有偷吃。"很显然，他的谎言没有任何创意，而且，他躲闪的目光已经把自己出卖了。但如果换成一个稍有生活经验和认知的孩子，他可能就会极其厌烦地声称："我只是想看看里面是不是还有糖果，我可以发誓，盒子原来就是空的！"这种时候，大人往往就会开始思考别的可能性。瞧，多狡猾的说谎者！

谎言四：是谎言都会被揭穿

世上没有不透风的墙——这句话是想提醒我们：就算谎言编织得再精巧，迟早还是会被戳穿的。但那又如何呢？人们愿意被谎言欺骗。就算有人曾经说过谎，或者一直在说谎，人们还是会选择不计较。那些狡猾的推销员会热情地告诉潜在顾客"我自己也在使用这款面膜"、

"您穿这款衣服太好看了"。谁都明白，这不过是他们哄骗顾客的惯用伎俩，但他们却很少遭到公开的谴责，并且总是能够成功地达到目的。

所以，如果说世上确实存在不透风的墙，那就是已经被大众普遍认可和接受的谎言。

谎言五：说谎是不负责任的表现

有人认为，说谎者是不负责任的人。我们对此表示质疑。

试想一下，一个内向柔弱的朋友遇到了挫折，沮丧地对你说："我真是太没用了！"如果你老实地回答："确实，你真的很差劲。"这样说无疑是火上浇油，只会使朋友更加低落和无助。当然，我们相信你不会这么说的，因为你知道，在这种情况下，与其直言不讳地说出真相，不如设计一个仁慈的谎言。而这，正是你对朋友负责的表现。

如果你能用谎言阻止一个人大发雷霆，或者消除其不良情绪，或者解除某些危机，那么毫无疑问，这个谎言是很负责的，你也是个很负责的人。

某天晚上，一个朋友喝得酩酊大醉，大卫把他的车钥匙藏了起来，并且严肃地声称："我不知道！什么车钥匙？"

大卫的谎言既避免了一场毫无意义的争吵，也保证了朋友的安全。他是聪明的，也是负责的。

谎言六：我们一次也不愿意被骗

在对人说实话之前，我们会在心里做一个后果分析。如果我们内心有所顾虑，又不愿意刻意说谎，往往会选择沉默。因为我们主观上认为，谁都希望听实话——尽管用沉默取代真相，在性质上和说谎并无二致。

但是我们真的反对被欺骗吗？哪怕一次也不愿意？未必！

当热恋中的情侣听到关于另一半的批评时，尽管会深感不安，但绝不会因此就结束一段感情。而且，他或她还会抱怨告诉自己真相的朋友——我就是愿意被欺骗！

有人临时要用车，于是买了一辆二手的，并且用完后就转手了。即便后来他发现这款车因为发动机问题而臭名昭著，也不会再去找原来的车主理论——算了吧，反正车已经处理出去了，多说也没意义。

所以，如果真相带有某种侮辱性，或者有可能对我们不利，很多时候是被屏蔽的。

谎言七：说谎者不可能获得真正的幸福

有人说：说谎的人不可能拥有真正的幸福。但是我要告诉你：一个构思精巧的谎言就能带来幸福！

许多"幸福研究者"指出，聪明有效的自我掌控是积极的生活及情感的必要条件。美国著名心理学家马丁·塞利格曼是"幸福研究"这一领域的重要代表人物，经过长达20年的研究，他发现，生活中如果没有谎言，就无法获得幸福感。

许多人做梦都想中大奖，但事实证明，巨额奖金带来的幸福感是短暂且有限的。能够使生活长久处于幸福状态中的，是一种复杂的自我调节，或者说是自我掌控，其中最重要的因素就是谎言——无论是对自己的谎言，还是对别人的谎言。在后面的章节中，就"谎言和幸福的关系"，将做更深入和详细的探讨。

2.我们是天生的说谎者

善意的谎言，可以为生活增添色彩。

——[英国]莎士比亚

"我的房子，我的汽车，我的船。"——谁在大言不惭地吹牛？那傲慢的态度是多么叫人不舒服！

"四分卫……哦，那种马我骑过！"一个爱吹牛的人在一次有关骑马的谈话中这么说。谁能跟他解释清楚，不是"四分卫"（Quarterback），而是"夸特马（Quarter Horse）[1]"？——四分卫是美式足球中的运动员位置。

但是，即使发现别人在说谎，人们也很少直接表达自己的不满、愤怒或嘲笑。我们通常用拐弯抹角的解释、小心翼翼又充满魅力的暗示，以及令人愉快的玩笑，来代替不留情面的批评和指责，因为我们自己也不期待别人赤裸裸地揭露我们的谎言。

大部分谎言是由人们的善心滋生而来的，所以人们说谎的目的大多是好的。例如，米莉明显超重，但一般我们不忍心说她"又笨又重"，而是会比较委婉地说她"发育很好"。

---

[1] 夸特马（Quarter Horse）：一种擅长短距离冲刺的马，英语发音与美式足球中的四分卫（Quarterback）相似。

当听到赞美、羡慕、奉承的话时，大部分人都会自然而然地忽略其中的虚假成分；当送礼时给别人时，听到对方说"我很喜欢"，我们也不会去计较他是否真的喜欢。

讲故事时，为了使情节更丰富，添油加醋一番——这算说谎吗？

明明对某位异性有好感，但死不承认——这算不算不诚实？

当一个人对伴侣感到愤怒，但又极力忍住——这算欺骗吗？

当我们嘲弄一个人，夸大其过错，使其丑态百出，其实只为找一个噱头——这样的我们是阴谋家吗？

当我们隐去某些无关紧要的细节，从而缓和了一场矛盾——这算蒙骗对方吗？

我们用温和的语言或小借口，来代替带有伤害性的话——这种事每天都在发生，难道这也算说谎？

没错，一切皆是谎言！然而，我们却不认为说这种谎的人有道德缺陷，因为这些都是无害的谎言，平常、乏味，而且容易识别，但有一点是肯定的：它们很有用。

通过无害的谎言，我们提高了达成目标的可能性，防止了不好的氛围和更大的争端。谁也不愿把这些大大小小的社交技巧归为说谎，因此，我们在良知上毫无负担。

没有人会在找工作的时候说："其实我一点儿也不喜欢你们公司，但我急需一份能填饱肚子的工作，所以，也只好先接受你们这种三流企业的职位了。"

或者，你故意没有通知一个熟人参加计划好的登山旅行，下次跟这个熟人见面时说起这件事，你很可能会以自己的丢三落四为借口：

"哎呀，我还以为我给你打了电话呢，我真是越来越健忘了。实在对不起！我还奇怪呢，你怎么没来。"

又或者，一个不受欢迎的同事被上司狠狠地批评了一顿，你明明幸灾乐祸，但当碰见他本人时，又立刻显示了另一副嘴脸——假惺惺地表示自己很同情："我感到很遗憾，事情竟然变成这样。"

你说过谎吗？

至于这个问题，几乎每个人都回答："没有吧。"之后马上补充道："也有，但都是无关紧要的小谎言，而且是很久以前的事了。"末了再加一句"真的不是特别重要"或"不会对别人造成伤害的"之类的话。很奇怪，就算我们不遗余力地去回想，脑海中仍然没有值得一提的真正的谎言，也许只是一些玩笑般的小欺骗，或者明显的夸张，但都算不上百分百的谎言。

没人想当说谎者，当然也有例外，当被骗者是一个"坏人"——比如不招人喜欢的房东或爱妒忌的邻居时，我们甚至可能会骄傲地讲述自己成功的欺骗策略。但即便如此，我们也绝不会高声欢呼："我是个聪明的说谎者！"

我们习惯说谎，并且习惯遗忘说过的谎。因为通常情况下，我们内心的防御机制会有效地过滤有关说谎的记忆，以至于使我们确信自己真的极少说谎。我们需要利用这个固定"程序"，把谎言中的消极成分剔除，从而使谎言变得不像谎言。所以，要让说谎者认识或者坦白自己说谎，是一件相当困难的事。

只有当我们愿意睁开被内心所蒙蔽的双眼时，那些微不足道但又切切实实的谎言才会浮现出来，比如：对女友的奉承和对自己事业的炫耀；给客户介绍新车时，对新车的耐用性的允诺；一个老朋友突然来访时所表现出的夸张的兴奋；等等。

总结起来：我们习惯骗人，也习惯被人骗。

3.你以为诚实很容易吗

发明善意谎言的人，热爱和平甚于真相。

——［爱尔兰］詹姆斯·乔伊斯

"见光死"的谎言

在大多数人的观念中，谎言等同于欺骗，谁对我们说谎，就是在侮辱我们。谎言让我们害怕，也让说谎者自己苦恼。对信任的渴望、对真诚的期待，使我们并不待见谎言。谎言一旦被揭穿，我们会感到震惊、失落、无措，信任的大厦摇摇欲坠。我们相信，自己宁愿大吵大闹、呼天抢地，也不愿意被骗。

● 你很确定在市区看到了一个朋友，她正和一个陌生男人逛街，但那位朋友却说"我没去过市区"。

● 一个朋友说自己曾在贵族寄宿学校上学，并分享了很多当时的趣事，逗得大家捧腹大笑。然而有一天，他的谎言被一个老乡戳穿了——"我们是市立文理中学的同学，在快毕业时，一起被学校开除了。"

● 你和一个熟人看完话剧，一起畅快淋漓地批评了一通，但是没过几分钟，你却听到那个熟人正和另一个人热情洋溢地赞美同一场话剧。

⚫ 好友信誓旦旦地保证会替你保守所有的秘密，于是你什么都告诉她，结果在一次舞会上，她玩得太 HIGH，把你不愿意让人知道的糗事都说了出来，弄得你窘迫万分。

⚫ 上司一而再、再而三地说给你涨工资，但是一年过去了，你仍然只拿着最初的底薪艰难度日。

⚫ 一位女同事经常在办公室炫耀男友又给自己买了新衣服、新鞋、新包、新首饰，惹得大家都有些眼红。但一个偶然的机会，你发现她所说的那个"慷慨的男友"根本不存在，而那些光鲜亮丽的东西，其实都是她自己掏腰包租来的。

以上这些都是常见的生活和工作场景，类似的情节几乎每个人都遇到过。我们也很清楚，有些是无关紧要的小谎，有些是半真半假的敷衍，有些可能只是"无心之失"，但仍会在内心拉起一条防线：这个人不是特别可信，要小心。

谎言就像那些习惯生活在深海之中的细菌，如果见了光，不仅自己会死亡，还有可能拖累寄生的载体。

我们可以多诚实

我们总是用批判的目光去看待别人的欺骗，但其实，就连我们自己也经常不得不玩点儿小花招。

闺蜜打电话给阿斯特丽德，一个劲儿地夸自己的新裙子多么多么好。但是，当阿斯特丽德亲眼看到那条裙子时，顿时傻了眼——真老土！不过，她没有直截了当地表达自己的评价，而是委婉地说："太复古了，以前的话，我可能还敢穿出去，不过现在恐怕没那个勇气了。"

当然，也有几个朋友脱口而出："这裙子真丑！"但她们立刻注意到闺蜜的表情变了，于是大家笑着开始讨论，最后得出一个结论：在某些场合，这条裙子还是可以穿的，比如化装舞会、狂欢节等，能很好地融进气氛中。

在与人交往的过程中，我们可以多直率，并不是只取决于双方关系的质量，还要根据对方的精神状态及具体情况来决定。如果对方看起来情绪不太稳定，则表示其内心正处于易受伤的阶段，这时，就算关系再好，也要避免直言不讳。但是，如果不指出问题所在，对方就有可能因此出洋相，所以，作为好友，我们应该小心翼翼地劝其改变主意。

就裙子这件事而言，阿斯特丽德没有直接否定闺蜜的选择，而是通过强调传统的审美观来表达自己的感想，这是非常聪明的做法。

无论是在古代，还是在现代，谎言都是一项绝对重要的社交技巧。很多人都喜欢在背后对别人品头论足，这带点儿小坏的消遣是人们茶余饭后的乐事之一。但如果有人把真相告诉那个人，这种乐趣就会被带走，我们伤害别人的同时，也给自己带来敌对。

一个朋友向你坦白，他和一个你也认识的有夫之妇有暧昧关系。

除非你答应绝对保密，否则他不会告诉你对方是谁。你是阻止他继续说，还是发誓"一定守口如瓶"？—— 即使你很清楚自己并不是能够保守秘密的人。

一个宴会拖拖拉拉地进行了三个小时，你不想继续忍受这个无聊的夜晚，想去一家熟悉的酒馆和老板聊聊天儿，你会找怎样的理由离开？

你邀请一些朋友来家里做客，他们想再带一个人来，而你却完全接纳不了那个人，你会多明显地把自己的不满表现出来？

闺蜜的新对象实在不讨人喜欢，但人家就是如胶似漆地腻歪个没完，你会没头没脑地表达自己的意见、破坏甜蜜的气氛吗？

一个朋友想卖掉自己的汽车。当他向一位感兴趣的人宣扬自己的汽车多么经济适用时，你会告诉那位买主，其实朋友卖车的真正原因是那车油耗之大让人恼火吗？

女邻居新买了一条狗，而在你眼里，那就是条没毛的癞狗，你会把自己的想法告诉那个满脸幸福的女邻居吗？

一位老朋友再婚了，未婚妻是个喜欢吵嘴的女人，简直叫人无法忍受，但你会因此就反对朋友再婚吗？朋友花大钱买了一幅特别拙劣的画，你会直接说出自己的想法吗？

过于纠结真相，往往会使自己搞砸某种关系，或者失去某些机会，甚至毁掉自己在众人面前的形象。

法国著名演员让·伽本（Jean Gabin）对人生有着清醒的认识，他曾说过一句引人思考的话："**当所有人都直言不讳时，地狱将降临人间。**"

第❶章 揭开被掩盖的真相和谎言

"是否说谎"和"是谁说谎"

有一个二手车买卖商，人很热情。他曾向我们推荐一款车，那款车的马达噪声很大，可他却说："这款车绝对是低耗油的！"尽管如此，我们和他依然保持着友好的关系，因为想从商人口中听到百分百的真话，那只是痴人说梦。而在更早之前，也有一位车商企图骗我们买车，当时我们很生气地离开了。

可见，两个相似的谎言很可能得到不同的评价。如果是喜欢的人说了谎，我们最多把它当作一个无伤大雅的小怪癖；但如果讨厌的人也拿相同的谎言来糊弄，他在我们心里瞬间就会变成骗子。**因此，和"是否说谎"相比，"是谁说谎"更重要。**

当然，我没有让那位车商朋友太得意，而是婉言谢绝了他的"好意"。不过，在很多事情上，谎言能够实现"双赢"，比如就这件事而言，如果正好有人享受这种超大的马达声，并且不介意油耗问题，那么将是各取所需、皆大欢喜的结局。

4.变化中的真相

就像有很少的百分之百的酒一样，也很少有百分之百的真相。

——［奥地利］弗洛伊德

自然科学的真相

对自然科学感兴趣的人都知道，从自然科学的意义上来说，根本没有所谓的"真相"。为了尽量接近事实，自然科学家们总是会勾画出新的、更复杂的"真相"。一旦"真相"被实践推翻，那就必须做出"修改"。自然科学家们就是通过这种方式，尽可能准确地理解这个世界。

自然科学家们往往从结论出发，提出一种假设，例如"核能是由更微小的粒子组成的"，然后经历非常非常漫长的研究，这个结论终于被证实了。但是，在阐释这个结论的过程当中，难免也会出现戏剧性的"意外"——譬如，这些粒子究竟是如何组合在一起的？它们之间又有着怎样的相互作用？对于这些问题，即使最具才智的科学家也未必能如实回答。

为了让你更清楚地了解这一点，我们再看一个小小的"注解"。

我们知道，原子由带正电的原子核和带负电的核外电子组成，电子围绕原子核做有规律的运动，电子和原子核之间的空间不存在其他物质。但几十年或者几百年后，在我们今天认为空无一物的空间里，说不定就会出现很多新的东西呢！谁知道呢？

连自然科学都不存在"真相"，更不用说人文科学了，因为试图通过假设而得出关于人类和生活的理论实在太可笑。无论是人类的思维，还是社会构造的复杂性，都不是公式能够推算出来的。因此，人文科学家们选取了非常小的一部分，尝试着找出某些规律性的东西，例如"人具有主观能动性""我们采取某种行为是因为欲望的驱使""环境对人的行为具有制约作用"等。

但是，具体到单个的人以及某个事件时——例如某人为什么去波罗的海度假，而不是去斯堪的纳维亚半岛——这些理论显然无法给出完美的解释，因而显得空泛而多余。

眼见为实的谎言

黄昏中偶然出现的阴影、黑暗中某个未知的东西，有时会让我们突然心跳加速、冷汗涔涔。我们坚信："那里肯定有什么！"但当视角或光线发生变化时，我们才明白，那只是树枝和树叶的剪影，或者只是灌木丛的阴影，但仍心有余悸。

感觉是一种很含糊的东西，我们"看"到的未必是事实，有可能是对事物或环境的自我诠释。

有人觉得，如果事物在明处，存在的争议就会少一些吧。然而，这也是一种幻想，典型的例子就是目击者们对同一事件的描述。尽管他们都精确而详细地把自己看到的事情说出来了，但分歧是显而易见的。

例如，在一场车祸中，肇事者逃逸了，面对警察的询问，目击者对车的颜色、速度、行驶方向，肇事者的外貌、年龄、着装、特殊标志，很难形成完全统一的说法，可以说，如果有十个目击者，就有可能产生十个版本，甚至更多。因此，"眼见为实"很多时候也是一个谎言。

这幅画同时展现了两个女人：一个戴着项链的年轻女孩和一个鼻子上长着肉瘤的老妇人。只要变换视觉的焦点，我们就能发现，老妇人的大鼻子就是女孩的脸和眼睛，而女孩的项链则成了老妇人的嘴巴。

大脑能够将收取到的信息经过筛选、重组，进行合理的组装，因而我们可以很轻松地解读这种重影画。

但是，我们无法同时看清这两个人。当你把焦点放在女孩身上时，老妇人就会变得模糊，反之亦然，也就是说，我们只能看到重影画的一个"版本"，为什么呢？

如今普遍被接受的解释是，感觉不是事实的直接反映。神经传导和信号整理的过程，与相机的工作机制完全不一样。我们所感受到的"事实"，是在大脑里经过复杂的组合而成的，尽管原本可以有多个"版本"，但我们往往只接受自己最愿意接受的那个。

重要的是"有意义"

有人说，理性能让我们清楚地还原出事实，那些推理大师就是活生生的例子。真的吗？当我们看到一张脸时，能百分百地断定那个人是在笑吗？面对一堆凌乱的信息，理性固然可以帮我们构建出一个合理的框架，至于细节，就只能靠自己附加的"阐释"了。

社会心理学研究表明，为了使一件事"有意义"，我们甚至会对现实做出新的解释。

来看一个实验。

实验组织者让实验参与者看一幅模糊的地铁场景图。图片中有很多人，有的站着，有的坐着。其中一个人手里拿着一个物品，看不清楚，可能是刀、水杯、一本小书或者其他东西。当组织者告诉参与者们"那个拿不明物品的人是有色人种"时，大多数参与者都认为，他手里拿的应该是把刀。而当组织者说"那个拿不明物品的人是白人"时，参与者对那个不明物品有很多种解读，但很少有人认为那是刀。

当然，从某种意义上来说，这个实验是失败的。不过，这至少说明了，眼睛看到的信息，经过大脑的加工处理，最终会成为对个人而言"有意义"的解释，也就是主观想象的"事实"。

可见，真相不是某种确定了的东西。当我们企图在好与坏、对与错之间做出选择时，就已经陷入了某种困境，因为很多事情，也许今天是对的，到了明天就必须另眼相看了。而且，所谓的好与坏、对与错，很大程度上是由我们的大脑决定的，而不是由"事实"决定的。

"事实""确实""现实"，这些词其实跟真相没什么关系。真相就像复杂的字谜画，有着多种解读。即使我们竭尽所能去了解，也不能理解透彻。

"短命"的真相

"你为什么这么做？"

受了委屈或者欺骗时，我们会心急火燎地质问。就算不能得到具体的回答，至少也要知道一些线索，似乎这样能减轻些什么。

有时候，我们气呼呼地指责一通，然后才会认识到这样的指责根本没有根据，也许是小小的不顺心，也许感觉自己被忽视了……我们暴躁，可能只是一时的心血来潮，连我们自己都说不清楚它是怎么来的，更别说弄清自己是如何迷失在这种情绪中的。我们总是希望认识"为什么"背后的真正原因，可惜这个愿望常常落空。

决定是否维持一段关系的问题有：

"你支持我吗？"

"在我最困难的时候，你会依然陪伴我吗？"

通常来说，这种问题很少有清晰的、明确的、长期稳定的答案。也许在那一瞬间，每个人都觉得自己是"真诚"的，但随着时间和场合的变化，行为却违背了当初的答案。忠诚比真诚更容易检测，忠诚是看得见、摸得着的。男人为了寻找刺激而和别的女人发生一夜情，但当他病重的时候，陪在他身边的只有妻子。

诚如我们知道的那样，真诚的"有效时间"非常短，由此，真相也很难一成不变。这在我们自己身上就可以得到印证——当我们和另一半吵架时，常常会说："我对你真的很失望！""我绝对不会原谅你！""我不想再见到你！"吵架中的我们就是那么想的，但半个小时后，当我们怒气消散了，事情发生了变化——"我当时说的都不是真的。"

究竟哪句话是真的？或者说，没有一句是真的？真相只能维持五分钟甚至几秒钟吗？究竟什么是真相，难道是由心情或者某个人决定的？

可见，真相是相当"短命"的，与情绪及动机相互依存，不过有一点是可以肯定的——**没有唯一存在的真相**。

很多事情，这一刻是真实的，但眨眼的工夫就不再真实了；改变一下立场，真相就在瞬间改头换面。这就像我们开车行驶过一个弯道，本来月亮挂在右边的树丛上，但下一秒，月光就从左边的丘陵上倾泻下来。我们毫无目的地随意停留目光，而它一直持续指导我们在新的地方发现新的真相。

5.信则真，不信则假

一个人宁可听一百句谎言，也不想听一句他不愿听到的真话。

——［英国］塞·约翰逊

好听的真相

我们总是希望知道：一个允诺是否会兑现？一个半开玩笑的评论有几分真心？一个针对自己的批评是认真的，还是随口一说？别人是发自内心地赞美，还是习以为常地奉承？

许多人都会问："浪漫的誓言真的能永恒吗？""朋友答应帮我的电脑杀毒，是不是就可以安心等他来？"如果我们每次都能确定别人说过的话是否诚实可靠，那生活肯定会简单很多。但是，我们自己也在高频使用各种借口，又怎么期待别人不这么做呢？

我们一方面希望确切地知道真相，一方面又在不自觉地阻止真相出现，确切地说，我们只想听"好听的真相"。

如果诚实地面对自己（这不是很容易），我们就能发现，比起赤裸裸的、令人难受的真话，我们显然更喜欢半真半假的奉承。别人问："这件衣服好不好看？"当我们开始斟词酌句时，也就意味着和真相开始捉迷藏了。

事实上，没有"半真半假"这一说，要么真、要么假，所有真假参半的话也都是谎言，我们必须诚实地承认这一点。如果听着不舒服，我们可以称之为"小谎"。我们每天都在使用各种各样的小谎，却没有人愿意承认自己说谎。

问问自己："我有多喜欢一个恰到好处的赞美？""我是不是更容易接受委婉的批评？""当我终于忍住没有公开说出反对意见时，是不是有如释重负的感觉？"

真相是被选择的

我们选择从真相中筛选自己能够理解和接受的部分。我们在度假的路上只看到生机勃勃的农场，却看不到农场主对雇员的剥削；男人喜欢妻子爱整洁的习惯，却不愿承认她在清洁上有强迫症；我们认识某个人，很高兴他很有礼貌，却"忘记"酒精会让他特别地放纵；我们惊讶于讲述者的渊博的知识，却不愿意"记起"他容不得不同的意见。

总之，我们只相信自己愿意相信的，而那些我们不想听的事实，则往往被扼杀在萌芽中。

儿子偷藏了一个光盘在自己的背包里，被超市的人逮到了，父母坚信，这是坏朋友的刻意捉弄。

女儿说了一些对外国人很不友好的话，母亲轻描淡写地说："她根本不知道自己在说什么。"其实，大人想说的是："别跟我说这些，我心里有主意！"他们根本不想好好看看整件事，并且相信这种事只是偶尔发生。

对某些特定的职业群体，我们并不期待总是听到真话。让我们来看看这份职业清单：

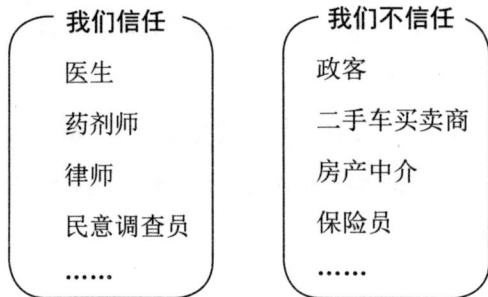

我们信任	我们不信任
医生	政客
药剂师	二手车买卖商
律师	房产中介
民意调查员	保险员
……	……

但是，人们有理由对这些"我们信任"的人的可信度产生怀疑——总是对病人说真相并不是医生的惯例；药剂师给出的药很多对病情毫无用处；律师会对代理人说谎；民意调查员也会编造数据……

事实就是如此，大多数人都知道，但我们选择相信，相对于其他人，这些人对利益的追求会少一点儿。

社会评论家阿列克思·吕勒在《南德意志报》上写道："**一个好的谎言比无聊的真相有意思得多，但问题是，人们总是将两者混淆。**"他讽刺了现代人轻信报纸、广播、电视等媒体的行为。

一本描写一名女记者在非洲冒险的书，却被证明大部分是虚构的，就像那些伪造的希特勒日记一样。

一些所谓的纪录片，比如关于童工在宜家工作的事件、3K党在艾弗尔山的集会，以及猎人怎样让狗去抓猫等，最后发现都不是真实的。

很多媒体工作者为了制造出轰动一时的新闻，视职业操守为无物，但大众却对此深信不疑。直到那些假日记和假纪录片的制作者被判刑，有些人还坚信那些作品都是真的。

6. 快乐的"虚构症患者"

优秀的说谎者必须只是偶尔说谎，并且只为消遣。

——［德国］威廉·布施

为吹嘘和炫耀而活的人

有人在朋友面前吹嘘自己买的东西多划算，即使他或她因此花了一大笔钱。我们在讲生活中的小故事时，也会明显地吹嘘，因为夸张一些更能吸引别人的注意力，使谈话更具消遣性。

一位原材料工程师说："我在奥迪和梅赛德斯公司工作了将近十年。"事实上，他只是受雇于一家很小的公司，那家小公司曾为那两家大集团服务过。如果有人进一步询问，他就要开始大言不惭地编造"事实"了。

不过，吹牛是一种很拙劣的谎言，很容易被识破。吹牛总是掺杂着自卑情结，因为我们所吹嘘的东西，往往是自己暂时没有的，甚至遥不可及的。但是，我们仍然热衷于吹嘘。

男人们会夸大自己开车漂移过弯的速度，或者吹嘘自己从汉堡骑自行车到汉诺威有多快。他们吹嘘自己的月收入，甚至吹嘘自己如何让女人欲生欲死。

女人们说的谎则不太一样。为了让女性朋友羡慕"天生的好身材"，她们咬着牙在跑步机上和每一克脂肪做斗争，但面对朋友仍会自信地说："没办法，我已经吃得很多了，就是胖不起来。"很多女明星为了保持身材，甚至从没吃过饱饭，在荧屏前却甩甩头发、笑意盈盈："我确实是吃不胖的体质。"

还有一些人，他们似乎天生就为炫富而活。他们买车看品牌，买服装看设计师，连买副太阳镜也要看看是否出自某奢侈品制造商。当然，并非所有人都能享受得起这种奢华。

以实用主义著称的美国人有一句套话："在成功之前，先假装成功。"用到炫富这件事上可以解释为："在买得起真劳力士表之前，先戴个假的。"或者"在成为有钱人之前，先假装自己是有钱人。"所以这个社会到处都充斥着山寨货，而我们也习以为常。

艾丽告诉我，为了好好整整她那些崇尚名牌的朋友们，她把一个奢侈品服装的商标缝在自己的旧牛仔裤上，那条裤子因此大获好评。没人识破这个小花招。

聊天室里的吹牛大王

大部分人都有添油加醋、夸大其词的"天赋"，如果我们确定听众没有机会去证实我们所说的故事的真假，对我们讲述的内容也没有经验，那么，我们很可能发挥这一"天赋"，把一切讲得更生动、更刺激、更浪漫、更富戏剧性，甚至指鹿为马、颠倒黑白。

给一个陌生人或"半熟"的人打电话时，我们会过度称赞自己的优点；当我们是唯一一个去过某个度假胜地的人时，会夸大那个地方的吸引力——"钓鱼者"就是以此为生的。

在陌生的城市、陌生的小酒馆里，随便找个陌生的人聊天，比在熟悉的地方更容易和别人谈一些私人的事情。也许，人们永远不会有再见的那一天，所以，伤感的、尴尬的、夸张的……无论聊什么，都不必担心会被带进现实生活、造成不必要的麻烦。

在线聊天室和论坛，就像一个个小酒馆，那些盯着屏幕的眼睛，就是酒馆中的陌生人。我们或回应别人，或惬意地看别人聊天，或敲打键盘吹嘘一下自己的"丰功伟绩""传奇经历"。网上聊天已然成为最受欢迎的大众娱乐。人们在这里交换信息、沟通心情、咨询问题，有的认真，有的敷衍，有的把自己捧上天，有的把别人贬下地。网络能够满足人们的虚荣心，至于真相究竟是怎么样的，没有人会在意。谁会为了证实一个女人确实是 E 罩杯而从亚洲飞往欧洲呢？

7. 无处不在的谎言

人们喜爱谎言，不仅因为害怕查明真相的艰难困苦，而且因为他们对谎言本身具有一种自然却腐朽的爱好。

——［英国］弗朗西斯·培根

社会学家和心理学家的研究表明，我们每天会用到 5~200 次程度不等的谎言——政治场合中、广告中、工作和生活中，当然也包括面对我们自己时。下面这些谎言就像空气一样围绕着我们，让我们的生活变得丰富、有趣、精彩。

> 对谎言的习惯性回应算不算另一个谎言？

美妙的谎言

为了引导孩子们健康成长，我们用最美妙的语言、最灵动的思维，编织出一个个神奇而美丽的童话故事，让孩子们能够从中学习善良、勇敢、坚强、正义……

不过，童话从本质上来说就是一种谎言，我们都很清楚这一点，但仍选择用夸张的方式去欺骗和迷惑孩子们，并且一厢情愿地认为，孩子们能够分辨什么是童话、什么是现实。而事实上，在很长一段时间里，孩子们对童话世界中的一切都深信不疑，很多孩子到了 10 岁仍相信影视作品中的打斗场面是真实的。

感人的表演

舞台剧、电影、电视剧等都只是一种表演，但即使是简单的动画片，也能引起观众的情感波动。这种有声有色的谎言，带着魅惑之力，让我们着迷。我们或欢笑，或哭泣，或紧张，或自己吓自己……

当我们沉浸在表演的世界中时，心灵是很难有效地分清现实和表演的。不过，我们常常忽略这一点，并且常常感到很享受，这也是为什么我们很容易被一些生活中的"演技派"糊弄。

具有神奇色彩的谎言

我们喜欢相信奇迹和超自然的东西，尤其是发生在遥远国度的事。

一群聪明且受过教育的人去拜访一个印度瑜伽派信徒，结果，虔诚的他们却被一个最简单不过的小魔术给糊弄了。他们对于信徒所说的"从宇宙拿到地球的"可以物质化的星尘十分入迷，星尘在他们眼皮子底下一点一点变厚，他们的心也跟着一点一点紧张起来。那一刻，他们坚信，这位大师物质化出一个小金块是完全可能的。

医学上存在着很多现代医学无法解决的疑难杂症，但是，一个严谨且理智的女医生竟然用灵摆探测术[1]来弥补这一遗憾。她决定使用这种与常规医学相去甚远的治疗方法源于对一位印尼巫医的拜访。这位女医生坚信，这种"无须手术刀的手术"（仅凭双手）是真真

---

[1] 探测术：远古时期流传下来的一种探索未知事物的方法。利用摆锤、树枝、铁线等简单的工具，在静心或冥想状态下，从工具的反应中获得对事物的解答。

切切的。就算那个巫医后来被多次揭发为江湖骗子，也无法让她动摇。"真的是我亲眼所见！"她始终不愿承认，魔术也能达到同样的效果。

"奇迹"不断地涌向我们，我们很乐意为此花钱。

令人啼笑皆非的谎言

有个汽车销售商为高档汽车定制了一项"周末免费试用活动"。他期待通过这种方式激发客户的购买欲望，或者至少能让顾客在道德的逼迫下不得不买——"都用了这么久，怎么好意思随随便便还回来呢？"但是，他绝对不会把这些告诉顾客，而是说："是的，不收任何费用，买不买都没关系！"这是销售中常用的谎言。然而，那些聪明的潜在顾客可不买账，他们告诉销售商："哦，我觉得这款车非常不错，如果试用感觉良好，我想我会买的。"——这也是谎言，是针对谎言的谎言。

销售商欢天喜地地把钥匙交了出去，但事实上，对方只是利用这个机会进行了一次加长版的郊游，一个周末就行驶了1000千米，却根本没想过要把车买下来。经销商看着还回来的高档汽车，又气愤又无奈，明明自己才是说谎的那个人，最终被骗的也是自己。

一位女大学生看到检票员走过来，立马"晕倒"在了公交车上："我感觉很糟糕，我站不起来了。"她天才型的表演是如此让人信服，以至于善良的检票员因为关心她而忘了自己的职责。他把女学生扶下车，送到候车亭，还给她倒了一杯水，让她好好休息。这个"女演员"原本只是想逃票，却因此不得不等下一班公交车。

　　总之，没有谎言，很多事情都将变得索然无味。当然，多余的谎言，会破坏我们享受这一切的心情。

　　克劳斯连续几年都假装自己正在忍受巨大的疼痛，甚至声称自己已经到了无法走路的地步，从而骗取了不少保险金。而真相是，他正集中精力在盖自己的私人别墅。当他的谎言被揭穿时，所有的同情、悲悯、关心都变成了愤怒、失望、指责。人们无法容忍这个谎言，而且很显然，这个谎言已经触犯了法律。

　　总之，当一个人开始厚颜无耻地说谎，那就不是什么好玩儿的事了，而是实实在在的玩弄感情。

8.说谎比诚实更贴近自然

谎言四季都能生长。

——[爱尔兰]埃德蒙·伯克

有人说，说谎有违常理，与自然之道相悖，动物就不说谎。不过我们要告诉你：动物很会说谎，否则，那些食肉动物就无法生存。

一头狮子悄悄接近一匹马，然后出其不意地杀死了猎物；一条变色龙通过改变自己的颜色，来迷惑苍蝇；一条比目鱼将自己藏在沙子里，等待猎物靠近；黑寡妇蜘蛛吸引雄蜘蛛来交配，为的是几秒钟之后吃掉雄蜘蛛；有些小虫通过模仿蚂蚁的行为方式，或者将自己藏在蚂蚁的尸体里，或以土和沙作为伪装，以吸引其他蚂蚁，然后将它们当作自己的美味午餐。

这些都是致命的谎言。

还有一些动物的谎言是为了保护自己。幼鸟藏在树丛中，它们伸长脖子，保持一个姿势几个小时，直到父母回来；竹节虫悠然地晃动着身躯，因为人们分辨不出它和树枝的区别；蜥蜴感觉到危险的时候，会果断地扔掉尾巴，借助跳动的断尾转移敌人的注意力；有的动物甚至以装死来逃过追捕，比如仓鼠。

大自然创造了万物，同时也创造了谎言。大部分人都为野生动物的这些行为感到赞叹，并认为这是它们的天性，为了生存，它们必须这么做。那么，长期生活在人类世界中的家养动物呢？它们没有生存压力，是不是就不说谎了？

有一只小猫抓破了主人新买的沙发，被主人狠狠地数落了一顿，饿了一整天。从此，只要听到主人下楼来，它就会立马从沙发上跳下来，"悠闲"地蜷缩在硬邦邦的地板上，等主人走近了，它才"假惺惺地"蹭过去。主人看着小家伙又好气又无奈，但很少会为此惊叹。养过宠物的人都很清楚，自己的小狗、小猫是多么狡猾。

黑猩猩也特别擅长欺骗同类。它们看到同伴把香蕉藏起来后，会假装不经意地"溜达"到储藏地附近，以寻找合适的时机把香蕉带到安全的地方去慢慢享受。灵长目动物研究者经常举这个例子，以说明动物们总是狡猾地、有意地在说谎。

可见，说谎和被骗是人类和其他动物共同的天性。因此可以说，说谎比诚实更贴近自然。而且，即便是植物界，也没有那么诚实，其中存在着许多尔虞我诈。

捕蝇草会模仿苍蝇的求偶信号，吸引毫无预感的苍蝇到它的花瓣中，致命的"咔嚓"一声之后，花瓣合拢了。

在美国加利福尼亚州北部与俄勒冈州，还有一种叫"眼镜蛇草"的植物。和捕绳草一样，眼镜蛇草也属于瓶子草科，是一种高贵的食虫植物，它的叶片就像眼镜蛇的脑袋，吓跑了不少敌人。

在非洲的荒漠上，有一种生石花，每当干季来临，它们就会把自己伪装成各种颜色的小石子，有灰绿色的，有灰棕色的，隐藏在岩石和沙砾中，连人类都很难发现。而到了湿季，生石花为了繁殖，摇身一变，从石缝中开出了红、白、黄等各色艳丽的花，给荒漠添增了生机。

生石花就是通过这种高超的伪装，成功地骗过食草动物的眼睛，从而保护自己生存下来。

在复杂多变的现代社会，迫于生存竞争的压力，我们身上的"纯洁"总是被强制压抑。所以，很多人常常希望回到古代，觉得古老的文化总体上比较真诚，认为古人质朴、简单，没有那么多花花肠子。——谁坚持这样理想化的观点，那就大错特错了。早在1928年，就有心理学家指出："欺骗的实践远远早于语言的出现。"

第 **2** 章

在**不诚实**的**爱情**中相爱

当我们沉浸在仇恨或爱情中时，一切都将静止。

如果谎言是毛发，那么，我们的毛发早就和熊一样浓密了。

——［德国］威廉·布施

本章导读

与其他任何一个领域相比，在爱情的世界里更清楚明了地有这样的规则：可以饶恕过失，甚至深深的欺骗。

有些小事很容易引起冲突，例如：为什么约会总迟到？为什么孩子在学校等了20分钟还不去接？为什么这么久了，晚餐还没做好？

不过，这些冲突几乎都不会引发危机，因为我们愿意相信"解释"。佩德拉在商场偶然遇到一位朋友，她非常开心地说："现在我可以告诉我丈夫，我今天上街是跟你喝咖啡，而不必坦白又去购物了。"朋友绝不会义正词严地指责佩德拉："你这是在说谎！"就算事后佩德拉的丈夫发现了真相，对此也只会简单地耸耸肩。

午饭是几点、在哪里吃？一条裙子或一套西装究竟多少钱？白天吸了十根烟还是二十根烟？聚会时喝了三杯烈酒还是四杯烈酒？很多时候，我们会根据现实需要调整这些问题的答案，只要目的是好的，结果也不赖，人们很少会去追究真相。

或许有人感到疑惑：为什么即使动机微不足道，我们还要选择"蒙骗"作为解决问题的方法呢？这其实是显而易见的——无法避开的摩擦已经足够多了，何必还要让这个"炸药包"升级呢？

恋爱毫无疑问是最美妙的感受，恋爱中的人们醺然飘浮于云端，心里只有一件事情：爱人。在一段恋情开始之初，恋人们会相互倾诉很多以前的事，包括自己做过的错事、蠢事、对别人的思慕之情、自己不合群的性格等。因为我们相信，爱情是宽容的。生活在爱情中的人们甚至会容忍对方的某些怪癖，只要不产生不老实的想法就好。

借口、沉默、耍花招已经融入我们的爱情生活中。

男人们，当你不好意思地摸鼻子时，会承认自己其实是在偷瞄漂亮的女人吗？厨房的电器没修理，真的不是因为你太懒？当你给妻子买花，是"我想你了"的讯号，还是内心有愧的标志？

女人们，当你想要邀请一位帅气的先生来家里做客时，会承认自己花了三个月的储蓄特地买了一条裙子吗？当你暗恋许久的男人迟到而错过歌剧时，你会告诉他自己为了抢票整整排了两个小时的队吗？

1. 爱情中的经济学

爱情不会让人变得完全盲目，因为情人目之所及，只是有爱情的地方。

——[德国] 奥利弗·哈森卡姆普

爱情的成本和收益

我们可以从经济的视角去观察爱情，"市场价值"或"成本与收益"的模型也可用于伴侣之间的关系。**男人和女人都有"成本"和"收益"，成本即放弃自由，收益即获得生理上的性需求和精神上的安全感。但是，估算一段恋爱关系带来的盈利与亏损，却使我们感到混乱，因为很难给其中的利弊列出一个单子。**

有些胆大的人会给自己的潜在伴侣排个序，然后严谨地计算成本和收益。例如男人会想："阿丽娜最漂亮，性格也不错，有了她，我就不会再去舞厅了，这能省下不少钱。而且家里也有人收拾了，不用请保姆。""最有性吸引力的是布丽塔，但是为了养活她，我必须更加努力地工作。"善于计算的女人则会想："克利斯身材好、有幽默感，和他在一起的话，我就会不再因为无聊而到处闲逛了。""迪尔克挣得最多，为了他，我可以假装高潮。""最好的结婚对象是格奥利格，他稳重体贴，不会随便发脾气。但是，如果真的嫁给他，我可能得做出一点儿牺牲，比如断绝和一些闺蜜的往来，因为他不喜欢。"

如果我们时刻都在有意识地计算这些，就会丧失爱的能力，享受不到爱的温存。有趣的是，这种评估确实能够稳固恋爱关系，因为人们可以直观地感觉到两人在一起是否值得。另外，一些"分手支出"也能使关系更稳定，分别之痛、对孤独的恐惧、对再次寻找伴侣的不安、可能出现的孤立等，都会使我们反复权衡，从而放弃分手。

恋爱的"经济学收支"决定了两人是否要继续维持一段关系。研究发现，我们在恋爱中对物质条件的评估大多是无意识的。谁都难以接受别人对自己的情感世界、忠贞程度进行赤裸裸的分析。经济学家布鲁诺·弗雷对恋爱与收支的关系进行研究后，简明扼要地指出："对成本和收益的机械计算会摧毁爱情。"

我们来看一个实验。

实验组织者在 15 名男女背上贴上数字 1~15，这些数字代表了每个人的"市场价值"，即个人的正面特质与负面特质综合后的得分。但人们只能看到别人背上的数字，而不知道自己是数字几。组织者让他们去寻找一个伴侣。之后发生了什么呢？组织者发现，背上的数字越大的人，得到的"表白"也越多，反之亦然，而最后配对成功的两个人背上的数字非常接近。

这个实验向我们展现了行为方式的原则：人们会通过社会的反应和别人的评价来推算自己的"市场价值"，然后去做选择，以便找到和自己"相配"的人。

对一个人"市场价值"的评估是一个连续的过程，会受诸多因素的影响。在"爱情市场"中，女性十分看重男性的社会地位、经济条件、才智、责任感、沟通意愿以及外貌，而大多数男性只把注意力放在一点上——女性的外貌。

如果去问年轻男性："你的潜在伴侣有什么样的特质？"他们的回答往往一边倒——"有魅力""漂亮""令人兴奋""身材好"，诸如此类。而同样的问题，如果回答者是女性，答案往往是"稳重""体贴""有责任感"等。

在选择发展长期的恋爱关系时，无论男性还是女性，都会遵循复杂的程序，综合考虑许多因素，例如人生观、价值观、兴趣、家庭背景等。但如果只是对伴侣进行"预选"，男性明显比女性要简单很多。

出轨是"赚"还是"赔"

有些女人把丈夫的顽固不化当作优点："我尊重他，因为他是个信念坚定的人，这使我对我们的婚姻也充满了信心。"又如，一个男人是醋坛子，而妻子却能从这种令人讨厌的性格中看到加分点："我能感觉到，我对他来说是多么的重要！"

在爱情中，这种小小的、适当的自我蒙蔽是被允许的，但赤裸裸的谎言却是无法容忍的，即使那个谎言或许能使两个人远离不幸。

出轨常常被当作"爱情只是一场骗局"的证明，一次出轨就毁掉一段婚姻，这种例子不胜枚举，但如果出轨这件事没有被揭穿，生活还是可以和原来一样。

一个女人在枕头上发现了陌生女人的头发，内心百味陈杂，但她假装自己什么都不知道。她很清楚，一旦真相被揭穿，自己就必须承担更沉重的后果。她对朋友说："我宁愿当作什么都没有发生过，这样我们仍可以在一起。"然而，丈夫的"自首"打破了这一切，她不得不选择离开，尽管丈夫恳切地表示希望能继续在一起。女人很决绝——"他要是一直瞒着我，我还可以留下，可惜，他承认了。"乍一听，这似乎很难理解，但也印证了一个规律：关于出轨，很多人宁愿自己被蒙在鼓里，也不愿直面真相。

出轨究竟要付出多大的代价？我们仍然可以用前文中提过的经济学原理来算一下出轨的成本。

出轨成本

◉ 风险成本，即个人和家庭的声誉将遭受损失。

◉ 生理成本，即患病的概率会大大提高。

◉ 经济成本，即餐饮、娱乐、礼物等经济上的支出，以及分手费、伴侣的精神损失费、离婚财产分割等。

◉ 其他成本，即因此造成的人际交往、事业等方面的损失。

而反观出轨的原因，不外乎情感需求和身体需求，从"产出"来看，很显然，"成本"更令人难以承受。因此，**出轨是一项投入多而收益少的"亏本生意"**。

男人和女人在对处理出轨这件事上，方式也截然不同。相较于女人，男人能更好地处理棘手的事，因为他们会对整件事进行重新定义。这就是为什么前文中提到的丈夫在承认自己出轨后，仍希望和妻子在一起。

分手划不划算

我们很高兴看见那些成功且幸福地在一起生活了 50 年的伴侣。但如果你认为这么多年来，他们的关系始终如一，那就太天真了。伴侣的关系始终处于不断变化中。

成为长期伴侣的原因有很多，其中之一便是我们对分离之苦的认识。所有的分离都伴随着影响深远的不安，这种恐惧本身就是一个长期共同生活的强大动机。心醉神迷阶段过后，两人迎来了相互适应阶段：双方共同的观念会得到巩固，而先前不同的观念会渐渐磨合。

两人经过长时间的相互适应，面对出现的分歧，他们会建立起一套解释模板，让这些差异可以被接受。或者举个简单的例子：她没有听从他的建议把小猫送给老人，而是把小家伙留在了两人共同居住的家里；在短暂的适应期后，他甚至开始妒忌这个小东西只在她怀里而不是在自己怀里时才会发出"呼噜呼噜"的鼾声。

两个人能够共同生活的最重要因素是"情感经济"，即我们偏爱熟悉的状况和生活条件，当弄清伴侣的个性和怪癖后，我们在情感上需要承担的风险和面临的不确定性，远远小于做一个新的选择。

不过，仍有很多情侣劳燕分飞，寻找着各自的新伴侣。有时候，旧的恋爱关系还在表面上维持着，而备选的恋爱关系已经在暗中进行了。这种"双重策略"的主要原因在于由单身引起的精神负担。尤其是到了中年，绝大多数人都有了生活伴侣，属于少数人群的单身者们容易感到自己被排斥，从而产生焦虑。因此，一些零散的单身团体越来越受关注，但只有少部分人会选择这种方式。

　　还有一个缩短单身时间的策略就是与旧爱再续前缘。许多人被伴侣抛弃后，会很快地转身走到前伴侣或年轻时的爱人身边，以期得到一段新的恋情。这种"重温旧爱"的接触有一个决定性的优势——较低的"情感费用"能把旧时的信任激活。寻找新爱之旅将花费更长的时间，也更加磨人，相比之下，与以前的爱人再续前缘显然"经济"很多。当然，没有人会把这个真相告诉那些破镜重圆的人们。

2.谁的爱情始终诚实如一

一见钟情是唯一真诚的爱情，稍有犹豫就不然了。

——[英国]赞格威尔

爱情的排他性

爱情具有非常明显的排他性，即双方对于彼此来说必须是特殊的、唯一的，是无可取代的。说得直白一点儿，就是"除了我，你不能爱上别人，也不能被别人爱上"。很多插足别人婚姻的第三者——尤其是女人——往往会信誓旦旦地说不求天长地久、只求朝朝暮暮，但最后却要求对方离婚，否则就撕破脸。

也有人给排他性下了一个比较宽容的定义："我们都是正常人，和别人发生关系也是正常的，但如果我感觉不到爱了，那么一切就结束了。"他们的潜台词是："只要我能感觉到他（她）的爱，一切就都OK。"也就是说，和沉痛的真相相比，"我的感觉"更重要。

出轨和爱情的排他性背道而驰，很多人都宣称："出轨是感情的终结，哪怕一次也不行！"但这只是一个"宣言"，并不能证明在面临出轨的情况时，这些人就真的能够立马终结一段感情。

相信每个人身边都有这样的夫妇，他们成天争吵，威胁对方说要走，但几十年过去了，两人谁也没有离开。因此，在感情问题上，对口头层面的言语威胁不必过于较真。

但毋庸置疑的是，倘若出轨成为事实，必然会给爱情带来非常糟糕的后果，也许是无休止的争吵，也许是长时间的冷战，无论如何，彼此间的信赖感已经遭到了破坏。而不管是争吵还是冷战，如果长时间无法调和，那么，两个人分手的概率会大大提高。

深埋心底的感情

男人大多有一个结发妻子，女人大多有一个固定的丈夫。我们爱对方，不愿失去对方，我们甚至认为，尽管随着时间的推移，生活会变得平淡、事业或个人目标会发生变化，但这些因素都不会破坏这种联系。

但事实上，我们很容易被诱惑，或者陷入迷惘之中。有时，我们明确地感觉到自己被晴朗的天空中某个人吸引住了。但是，固定的婚姻关系通常会帮助我们部分或完全抵制这种冲动，否定那个吸引者的存在。这是绝大多数人的选择，谎言由此而来，因为我们知道，谁都无法忍受自己的另一半对第三者产生强烈的感情。

坦白自己对别人产生爱慕，违背了爱情的排他性原则，大多数婚姻关系都会受到影响，甚至破裂。如果有一种安全的方法，能使人们出去厮混而不被发现，那么大多数人都会感到欣喜。

艾丽卡有一段持续了很多年的婚外情，但她却为自己辩解："是他喜欢给我买东西，我可什么都没拿！"当然，人们可以认为这只是借口——或者更准确地说是谎言。她在闺蜜面前说起这件事时又说："**不说点儿谎，哪段感情能够持久地维持下去？**"她毫不留情地指出了我们在爱情中遭遇的矛盾——道德和情感之间的联系其实很小。

我们既想要稳定的婚姻关系，又希望在情感上保持绝对的安全感。我们有理由担心，当我们坦诚地告诉伴侣自己的"秘密"时，剑拔弩张的时刻也将到来。所以，除了闭嘴，我们别无选择。

然而，"闭嘴"难道不是在说谎吗？只是我们自己不愿承认罢了！我们甚至欺骗自己说："我的心永远锁在亲爱的身上，小钥匙已经弄丢了。"每个人听到下面这首中古时期的爱情诗（节选）时，相信都会感到温暖：

你是我的，
我是你的。
你应该知道，
你锁在我心中，
小钥匙却弄丢了。
你必须永远住在我心中，
来自特格尔恩湖的维尔纳。

谎言下的双重生活

在一夫一妻制的现代社会，一个男人在两片大陆都拥有一个完整的家庭——妻子、孩子、房子，以及花园。可能吗？或许谁都不敢相信，这种事居然会发生在美国著名的飞行员查尔斯•林德伯格 (Charles Lindbergh) 身上。他是第一个不着陆地飞越大西洋的人，众所周知，他与妻子、孩子住在慕尼黑一个带花园的房子里。而大家不知道的是，他与某德国帽子制造商也发展了关系，并育有三个孩子！这种双重生活持续了数十年，1974 年他辞世时都没有被揭穿。直到 2003 年，这件事终于大白天下，引起一片哗然。

要是你觉得只有有钱人才能享受这种双重生活，那就大错特错了。贸易代表、经常出差的人、演员，乃至任何一个人……没错，在任何职业或收入阶层的人群中，我们都能找到这种人，他们在不同的地方演绎着精彩的"多重人生"。

顺便讲一个关于女人的双重生活的故事。一位已婚的女艺术家建立了自己的工作室。她坦率地告诉闺蜜们，她的确很喜欢在工作室里画画，不过，建立工作室的初衷却是希望和不同的情人会面。她不希望与情人幽会时在时间上产生紧迫感，也不希望出现一些威胁到婚姻的因素。女艺术家的丈夫从不去工作室打扰妻子 ——"她会因此变得神经兮兮的。"他也习惯了妻子偶尔会在工作室过夜。对于妻子的私人生活，聪明的丈夫说过一句十分具有教育意义的话：**"问题来源于真相，谎言让生活美好。"**

在这个社会，双重生活并不是个案，甚至还出现了令人惊讶的变体，这在女人身上表现得尤其明显。有些女人在丈夫死后，反而变得乐观和积极。她们快乐地去旅行、勇敢地去冒险，或者在穿着打扮上与以前大相径庭，或者原本朴素的女人变成了风驰电掣的保时捷驾驶员等。总之，她们开始了完全不同于曾经的生活方式。

为什么会出现如此大的反差？有些社会学家解释说，当丈夫对她们的某些行为、观点提出异议时，为了生活，她们选择屈从于丈夫，而放弃自己的真实想法。也就是说，她们一直在说谎。当丈夫离去——尽管这很不幸——她们体内被掩藏和压抑的那一面就会得到释放。

3. 你为什么喜欢我

假如认为美就是善，那是多么离奇的幻想啊！

——[俄国]托尔斯泰

短暂的亲密关系

在某些时候，两个人的关系会突然变得亲密，他们相互倾诉、坦诚交流，仿佛已经融为一体。那是一种无法比拟的美妙感觉，彼此没有秘密，也不需要斟词酌句。但是，这种现象出现在恋人、朋友之间的概率，比出现在陌生人之间的概率要低。

心理学家进行了一个实验。

互不相识的一群人被匿名安排在一间昏暗的屋子里，他们的任务是和其他人进行交谈，观察者就在监控室里记录交谈内容。结果显示，在这个人为"搭建"的世界中，大多数人都能在短时间内与别人建立起"亲密关系"，交流一些不常说出口的心里话。

我们都有这样的经历：在和熟人、爱人相处时，我们会尽量表现出自己好的一面，遏制不好的一面，即我们展示出来的其实只是真实的自我中的一些片段，并且是让人愉快的片段。至于那些令人郁闷的片段，还是深埋心底比较安全。

狭小的社交圈给了我们极大的压力，所以，当完全匿名时，我们便会自发地、无限制地向陌生人吐露心声。这就是为什么在一个安全的环境中，我们很容易对陌生人敞开心扉。而有趣的是，当两个陌生人变成熟人以后，展示真实自我的概率就会变低，原因是人们不得不考虑"完全诚实"可能带来的后果。

网络也有类似的作用。志趣相投的人们通过虚拟的方式聚在一起，尽管其中仍有一些人显得格格不入，但从整体上来说，人们能够比较自在地进行交流，也比在现实世界中更容易找到倾诉对象。当然，两个人在网上初次"碰面"时常常会心存疑虑、有所保留，其中也不乏夸夸其谈者。但是，多次"碰面"后，双方就会开始敞开心扉，真诚而深入地探讨某些问题，就像上述实验中的人们一样。

这很好理解。在网络世界中，人们用的是网名、昵称，即使用的是真名，只要对方与自己没有现实的联系，两人就能在没有精神负担的情况下有退路地进行倾诉——网络的虚拟性恰恰满足了人们这一愿望。现在，有很多人甚至在网上寻找伴侣，未来几年，这种情况会越来越多。

但是，尽管这种亲密关系让我们很留恋，却绝不会永远持续下去。当一件事说完，或者某个时刻过去，或者某种情绪消失，或者新的想法出现，这种真挚的关系、纯粹的信任也将告一段落。

是什么吸引了你

美是一种相当简单的构想。把很多照片放在人们面前，从中选出一张大家都认可的，这并不是难事。不过，现实生活中挑选对象，可比这个复杂得多。我们不得不考虑其他一些因素：言谈举止怎么样？身上的气味怎么样？说的是什么语言？是否诙谐幽默、风流倜傥或者体贴周到？是否知道怎样欣赏异域风情？体格和皮肤是否符合我们的审美？腿是否修长？臀部是不是好看？对某些人来说，这些非常重要。

研究者发现，大约只有30%的人的吸引力是由"客观的美"造就的，而大约50%的人的吸引力是通过对一个人的观察形成的。

我们都喜欢"美"，这是一种自然倾向，尽管每个人感受"美"的能力不同，对"美"的定义也有所差别，但我们都愿意和那些在自己看来"美"的人在一起。

从认知心理学的角度来看，如果对方的眼睛、鼻子、嘴巴等器官的特征和自己相似，我们就会对对方产生亲近感，这种亲近感是发展爱情的基础。因此，外貌吸引力在两个人交往之初有着重要作用。不过，随着交往的深入，我们更愿意与那些和自己有着相似兴趣爱好、宗教信仰、行事风格、价值判断的人发展长期关系。

还有一种状况——尽管我们不愿听——但几乎每个人都会把姣好的外貌和各种各样的美德联系起来。我们总觉得漂亮的人有趣、自信、情感丰富，总觉得他们更成功，尽管这些优点并不必然与美貌共存。在心理学上，这种现象被称为"晕轮效应"。

或许我们可以这样理解：好看的人容易使我们产生一种友好感，使我们愿意向其表达善意。有时，我们甚至仅仅因为相信电话的另一端是位美女或帅哥而表现得十分友好。如果一个男人被告知即将与一位相貌可人的女士通话，他就会附加地期待那位女士富有幽默感、温和、爱交际，尽管这种猜测毫无根据。与此对应，当他和自己臆想出来的美女谈话时，往往能讲出更多的笑话，并尽量制造令人愉悦的话题。

男人们通过这种方式，把自己塑造成有魅力的人，而令人惊叹的是，电话那头的女人们的表现居然与男性们的期待相符——她们有的轻松活泼，有的严谨知性，与之前男性们想象出来的虚假描述一样！也就是说，通话双方都努力在迎合那些虚假描述，使其最终看起来就像"事实"一样。

且不管这种"迎合"算不算欺骗，总之，关于"美"的评判，和我们的感觉是直接关联的。**对评判者而言，对方与自己的相似度越大，就越"美"，越有吸引力**，虽然我们并不愿意相信自己是按照这个标准来评判的。

另外，当我们开始一段关系时，荷尔蒙会一直作怪，导致以相似度来评价对方的趋势明显增加。

吊桥上的爱情

怦然心动是世间最美妙感受之一，它预示着爱神的降临。伴随着心跳的加速，我们非常肯定，自己已经坠入了爱河。但是，恋爱心理学家们却向我们展示了另一种可能性。

加拿大心理学家达顿和他的同伴们对18~35岁的男性进行了一项问卷调查。实验地点是在两座桥上：一座是高悬在山谷上的吊桥，距离河面有几十米高，而且左摇右晃，非常危险；另一座桥是架在小溪上的木桥，高度很低，也很稳固。男性被分成两组，一组走吊桥，一组走木桥。心理学家让一位漂亮的姑娘站在桥中央，负责对每位过桥者进行问卷调查。

问卷结束后，那位姑娘对过桥者说："想知道调查结果的话，过几天给我打电话。"然后，她留下了电话号码。结果，给这位姑娘打电话的男性中，过吊桥的人远远多于过木桥的人。

这是为什么呢？心理学家的解释是：**过吊桥的人把过桥时那种战战兢兢、心跳加速的感觉误认为是激情的表现，而通过吊桥后的兴奋和激动则被认为是恋爱带来的。这就是所谓的"吊桥理论"。**

另一个实验也证实了这个理论。得克萨斯大学的心理学家辛迪·梅斯顿和佩妮·弗罗利希在一个游乐场对没坐过山车的人和刚坐了过山车的人分别进行了问卷。她们向接受问卷的人们展示了一张女性照片，并让人们为那位女性的魅力打分。结果，那些刚从过山车上下来的人们普遍认为那位女性很有吸引力，因为他们把"手心冒汗"这一反应错误地理解成了爱的标志。

"吊桥理论"很好地解释了为什么很多年轻男女在一起看了恐怖电影或者进行一次刺激的冒险后，关系就会突然变得很亲密。

问题是，谁愿意相信，如此美好的爱情竟然只是一种误解呢？谁愿意在婚礼的幸福时刻，抱着"或许这只是一种错觉"的怀疑，去检验对另一半的感觉中究竟掺杂了多少其他因素呢？

所以，我们拒绝真相，并且大声喊道：让这种实验见鬼去吧！

制造爱情的行动

根据"吊桥理论"，如果想要俘获异性，最好约对方去看恐怖电影，或去"鬼屋"，或去走危险的吊桥，或去坐惊险的过山车。比起去乡间小路散步或去看画展，这些事情更有助于制造爱情。

爱情也可以"制造"吗？

这听起来很不可思议，但却有实验为证。早在 20 世纪 70 年代，就有心理学家对热恋中的人们进行了观察，结果证实了一种猜想：身在爱河中的人们会不自觉地把身体靠近对方、长时间地看着对方的眼睛、在桌子下用脚相互调情，或者模仿对方的肢体语言。

心理学家由此做出一个假设：如果人们表现得好像自己在恋爱，会不会真的爱上对方呢？

美国斯沃斯莫尔学院的肯尼斯·格根进行的一项实验，对这个假设进行了尝试性的注解。

格根发现，情侣们喜欢在黑暗中度过美妙的时光，那么，如果是两个陌生人待在黑暗中，又会发生什么呢？他让四男四女在一个小房间里待上一小时，然后关上灯，使小房间完全处于黑暗中，让另一组差不多的实验参与者去待上一小时。

格根录下了房间里发生的事情，并在实验结束后对参与者进行了问卷，他把自己的结论写在了《黑暗中的变异》一文中——

当灯亮着时，没有人故意碰触或拥抱别人，且只有 30% 的人感觉到了性欲；但是，当房间陷入彻底的黑暗后，将近 90% 的人会故意去碰触或拥抱人，80% 的人感觉到了性欲。同时，处于黑暗中的人们更愿意谈论一些私密的事情，并且觉得对方很有吸引力，甚至开始抚摸彼此的脸颊或接吻，就像忽然被爱神之箭射中一样。

这个实验可以说是"制造爱情"实验的开山之作，此后，更多的心理学家投身于"制造爱情"的伟大工程中。2004 年，纽约州立大学的亚瑟·阿兰和芭芭拉·弗雷利利用眼罩和吸管，再次验证了爱情是可以制造、生产的。

参与者随机配对被分成两组，第一组进行了有趣的"情侣游戏"，具体步骤如下——

第一步，其中一人带上眼罩，另一人拿着吸管，然后，两人分别咬住吸管的一端。第二步，组织者让两人松开吸管，没带眼罩的人开始朗读一种舞步的说明，另一人试着练习。第三步，组织者拿掉眼罩和吸管，让一人描述一些物体的特点，另一人在纸上画出相应的物体。

与此相对，另一组的参与者们则只是机械地学习舞步和画画。

实验结束后，组织者让所有的参与者画两个圆圈，并用交叠部分来表示自己对同伴的亲密度感受。结果显示，那些像情侣一样度过快乐时光的参与者之间的亲密度普遍比另一组参与者之间的亲密度要高。

由此可见，制造爱情并不是天方夜谭。**当两个人像情侣一样相处时，彼此间的亲密度和吸引力会得到加强，这让我们感到兴奋、激动。**

可是，如果我们有意识地去制造爱情，算不算一种欺骗？

4.基因中的爱情程序

无法把爱人的瑕疵当成美德的人，是没有爱的人。

——［德国］约翰·沃夫冈·冯·歌德

自私的基因

许多恋爱始于一时的意乱情迷，是由男女双方相互爱慕的信号汇聚而成的，就像火焰一般，而这火焰又会点燃不断增强的荷尔蒙的烟花。当男人双颊通红，才愿意确信自己真的遇见了阿多尼斯[1]本人，而被选中的那个女人比其他任何人都更像女神阿芙洛狄忒。

科学已经证明，初坠爱河的人们的血液中的"愉悦激素"——内啡肽[2]会明显升高，大约在六周（最晚六个月）之后，"荷尔蒙烟花"会熄灭。这个逻辑其实很简单——从某种程度上可以确定，在女人怀孕的那一刻，这种极度的幸福感就会中止。根据荷尔蒙的变化，男人接下来的工作，要不就是对怀孕及分娩的准备，要不就是寻找新的伴侣。

---

[1] 阿多尼斯(Adonis)：植物神，王室美男子，他是一个受女性崇拜的神。现代阿多尼斯这个词常被用来描写一个异常美丽、有吸引力的年轻男子。阿多尼斯是西方"花样美男"的最早出处。

[2] 内啡肽：一种内成性（脑下垂体分泌）的类吗啡生物化学合成物激素，能与吗啡受体结合，产生与吗啡、鸦片剂一样的止痛和欣快感。

但是，到底是什么驱使男人和女人走到一起呢？希望体验恋爱的过程，或者想要尽情享受性爱，或者找一个与自己有共同话题的人——这些都是显而易见的原因。

不过，还有一种阐释越来越受到重视：**我们努力追求一段爱情，这种"程序"的更深层原因藏在基因之中——我们的目标是完成对自己的最优复制。**

根据道金斯[1]在《自私的基因》一书中的理论，在生物进化的过程中，基因是绝对自私的，如若不然，它们就不得不把生存机会让给其他基因，那么，自己就只能消亡。基因的天职就是复制，而生物——包括人——只是基因的载体。基因的自私性导致了行为的自私性。生物的大部分行为和情状，都是为了提高自己或某个基因的适合度。

这个理论是如此盛行，以至于使人们觉得，如果缺少了"复制"这一目标，人类的任何行为都难以解释，包括追求爱情。

近几年最有趣的相关研究当属"汗味儿 T 恤衫"实验。这个实验是由瑞士伯尔尼大学的克劳斯·维德坎博士设计的。

博士让 44 位男性连续两天穿同一件 T 恤衫，好在衣服上留下自己的体液。然后，博士让 49 名女性去闻这些 T 恤衫，并让她们选出自己喜欢的气味。博士对实验结果进行了研究，最后发现一个规律：女性普遍觉得与自己 HLA 不同的人穿过的 T 恤"好闻"，而与自己 HLA 相同的人穿过的 T 恤则"难闻"。博士认为，这至少说明了在恋爱对象的选择上，人们会受到基因的控制。

---

[1]　道金斯（R.Dawkins）：英国牛津大学行为生态学家，1976 年出版《自私的基因》一书，提出了"自私的基因"理论。

在这里，我们有必要对上文提到的"HLA"做一个简单的说明。HLA即人类白细胞抗原，位于6号染色体上。它与我们的免疫系统功能密切相关，其中存在着区别每个人"不可混淆"的特征的基因编码，是免疫系统区分自身和异体物质的基础，也是每个个体独一无二的"身份证"。例如，如果两个人的HLA不符，那么在脏器移植后就会出现强烈的排斥反应。

根据HLA的分布与功能，可以分为Ⅰ类抗原和Ⅱ类抗原，前者由HLA-A、HLA-B、HLA-C组成，后者受控于HLA-D。在"汗味儿T恤衫"实验中，维德坎博士为了使实验效果更明显，挑选了3种HLA类型的参与者，即HLA-A、HLA-B和HLA-D。

对于"汗味儿T恤衫"实验的结论，如果从生物学的角度来理解，可能更容易一些。选择和"气味好闻"的伴侣结婚生子的话，不同的HLA结合，能更好地抵御细菌、疾病的侵袭，提高免疫力；反之，则会阻碍遗传基因的发展，造成免疫机能的下降。

有一项调查显示，HLA高度相似的夫妻，女人怀孕后流产的概率很高。因此，为了完成对自己的最优复制，自私的基因会左右我们对伴侣的选择，至少从理论上来看是这样的。

"自私的基因"理论不仅很好地解释了爱情的排他性，也告诉我们怎样和自己的最佳伴侣生育健康的后代。

不过，细心的人会发现，这个理论其实存在明显的局限性。譬如，一个女人吃不吃药，也会影响其对男性类型的偏爱。研究表明，不使用抑制排卵类药物的女性在排卵期时更青睐与自己HLA不同的男性；而一旦吃了药，她们会偏向于选择和自己HLA相似的男性。

另外，研究还发现，女人在排卵期更偏爱阳刚且对称的脸庞。从总体上来说，"对称"在自然界中被普遍认为是健康的讯号。女人在排卵期时，对面部对称的男人的汗水持正面评价；而在非排卵期，她们根本分不出不同脸型的男人的汗水有什么差别，自然也不会特别青睐那些"阳刚且对称的脸庞"。

布谷鸟孩子

由于自私的基因，有些男人陷入了斗争：他们一方面要求保持忠贞，希望自己是对方唯一的性伴侣；另一方面却又不愿遵守道德，希望自己的基因尽可能地被复制、延续。如果男人唯一的义务是繁衍后代，那么我们敢说：他们的子孙遍地都是！

这个生物学意义上的动力，为那些声称"爱情不可能抛弃谎言"的人提供了论据。

不过，纯粹地从生物学角度上来看，女人也是很难保持忠诚的。有些女人为了和最佳伴侣继续生活下去，不得不隐瞒自己为了基因传递而找了另一个基因供应者。

女人什么时候排卵，男人根本看不出。而在其他动物中，雌性的排卵期会有显著的信号。以人类的直系祖先兼近亲狒狒为例，雌狒狒红肿的臀部是最显著的特征；雄性之间为了交配而进行的竞争也很明显；在时间上也有明确的范围；等等。但人类缺乏排卵期信号，因此男人想要保证自己是孩子的创造者，方式非常有限——或是陪在爱人身边，以强大且稳固的情感联系，排除一切"备选基因"；或使用贞操带，但那是很久以前流行的东西了。

也就是说，有些女人很有可能会找一个陌生的冒失鬼作为孩子的父亲，再找一个和自己亲如兄妹的伴侣帮忙抚育后代。**因此，我们的后代中有 4%~10% 是"布谷鸟孩子"，即孩子的社会学意义上的父亲并非生物学意义上的父亲。**至此，一切都明了了！谎言在爱情和婚姻中是如此盛行。

当然，这种分裂的行为并非只是女性话题，男人也休想撇清关系！社会学家做过一个调查：当一个年轻漂亮的女人问男人们是否愿意与自己偷情时，绝大部分男人表示同意；但当一个年轻英俊的男人问女人同样的问题时，绝大部分女人都没有同意。

因此，男人的内心比女人的内心更纠结：不安定的那一部分总是在驱使他们尝试得到女人；而忠诚和顾家的那一部分又会驱使他们让生活在轨道上有序地进行。

传统的观点认为，女人更顾家一些，但现实中存在的"布谷鸟孩子"却让我们明白，女人也有狂野花心的一面。

尽管如此，我们还是希望建立家庭，因为我们觉得，只有在家庭的保护下，孩子才能健康成长。

如果我们能够像大雁一样，一旦结下伴侣就钟情一生，那么生活将会更加稳定，可惜我们不是大雁。

关于基因复制与"布谷鸟孩子"，没有人能比威廉·布施[1]更轻松愉悦地阐释这种矛盾。

---

[1] 威廉·布施（Wilhelm Busch）：1832 年 4 月 15 日~1908 年 1 月 9 日，德国画家、雕刻家、诗人。《成为父亲不难》节选自《受欢迎的就是被允许的》（《威廉·布施全集·第二部》）。

成为父亲不难

成为父亲不难，
做父亲很难。

首先要勤于练习，
因为这普遍受欢迎。
就算是堕落者也要显示，
他对此也毫不排斥。

只是，
他不愿自己的罪孽与高尚的目的连结；
只是，
当代价来临，
他感到恐惧忧虑。

因此，
他顾忌那些虔诚敬奉神灵的人，
因为平静的恐惧告诉他，
那些人不可相信。

最后他身体弯曲、皱纹满脸，

易怒生惧、神形俱变。
不论黑夜白天，
再无女孩为他神魂倒颠。

被叫作"叔叔"已留足脸面，
但也仅剩于此，
再无他言。

哦，
好人却有另一番风景！
他们充满勇气地答应，
付出法律规定的费用；
他们正大光明地交合，
心安理得地狂欢。

一日清晨，
责任降临，
作为父亲与爸爸，
他们喜不自禁：
自己如此能干！

5.最熟悉的陌生人

真诚是一种心灵的开放。真诚的人在现实中十分少见，而通常我们所见的所谓真诚，不过是为了赢得别人信任的一种掩饰。

——[法国]拉罗什富科

爱让我们在一起

信任是在相互试探和进一步认识的过程中逐渐增进的，当我们对别人的愿望和感受有了更多的了解时，安全感也会随之提升。然而也是在这个过程中，激情会慢慢减退，包括性生活中的激情。

人们最终仍能在一起，原因可能有这些：

◆ 爱。

◆ 共同抚养孩子长大成人。

◆ 有一个共同的住房。

◆ 能够省钱或者税款。

◆ 不想独自一人。

◆ 正常的性生活。

◆ 很了解配偶，能够猜到对方的心理。

◆ **不想去寻找新的伴侣。**

几乎每个人都有或大或小的精神怪癖。我们醉心于寻找与自己互补的另一半，但就像每个锅不一定都能找到合适的锅盖一样，并不是每个人都能幸运地找到合适的意中人。

我们常常听说一些因为不听劝告、固执己见带来的教训。某个女人再次上当了，对方或是擅长花言巧语的骗子，或是总出轨的人，又或是只贪图钱的伪君子。我们会惊奇地发现，每一段教训都是那么相似。

我们知道，男人和女人的之间有一个流行的"角色模板"——两人是保护者和被保护者的关系。

当然，两人的角色是可以互换的，而不是固定不变的。强壮的男人可能在婚后会变成怕老婆的男人，就像委曲求全的哈巴狗，唯唯诺诺、不敢大声说话；而一些原本温柔的女人，也可能变成泼辣精干的女强人，在夫妻关系中地占据主导地位。

关于 Y 染色体作用的科学讨论，给这种"角色转换"提供了一种新的思维。男人通常擅长具有侵略性的行为，即他们在短时间内能够爆发出很强大的力量，但他们不知道如何在一段较长的时期内合理地分配较小的力量。

这一点，我们也可以从男人和女人追求异性的方式上得到印证。

男人为了追求心仪的女人，费尽心思，甚至不惜一掷千金，而一旦得手，他们就会认为任务完成了，从而停止了反反复复、连续不断的"进攻"，变得相对温顺，实际行动也会变少。这就是为什么很多女人会觉得男人在结婚前后判若两人。

难道之前的种种都只是伪装吗？原来的那些好都是假的？这种问题确实很难回答，但可以肯定的是，既然说谎是人类隐藏得最深的能力，那么，我们完全有能力将谎言巧妙地、多层次地运用在一个存在已久的重要问题上：怎样吸引我爱的人？

产生火花的方向很明确——女人吸引异性的方法是成为迷人的诱惑者，例如将自己伪装成渴望性爱、愿意配合、愿意额外付出的人；男人吸引异性的方法则是扮演值得尊敬的、孔武有力的骑士，在女人面前展示自己的勇敢、强壮，以及无限的忠诚。

只有恋爱中的人们才相信世上真的存在高尚且完美的人。两人沉醉在爱的幻象中，感觉世界充满奇迹，他们经历着最美妙的时光，就算能够预见醒来后的情景，他们也勇敢地选择自欺欺人。

激情还是爱情

很多人分开的理由是"性格不合"，既然如此，为什么一开始能走在一起呢？又或者，是从什么时候开始，性格从"合"变成"不合"了呢？

事实上，性格的形成开始得很早，当我们还是孩子时，就已经学会向不同的社会角色学习了，例如孩子们都喜欢玩过家家，他们会扮演店员、司机、领导者，甚至坏人。

通常情况下，我们会通过自己喜欢的人、大众偶像、社会榜样来理解社会行为，并最终将这些角色的变体塑造进自己的性格中。性格为将来各个生活阶段的行为规定了一些模式，而结果也证明，一切都是可以预料的。如果仔细观察，我们或许就能够早些发现一个看起来优柔寡断的女人实际上充满勇气，或者一个好斗的年轻人只是喜欢装出一副厉害的样子罢了。

问题在于，既然我们可以根据一个人的性格去推测未来可能出现的情况，包括是否与自己性格"相合"，为什么仍会有那么多人"失足"？究竟是什么阻碍了我们用批判的眼光去审视令我们着迷的人？

我们的感觉是极易受迷惑的，那些能看得到、感觉得到的美妙的东西，例如光鲜华丽的外表、幽默有趣的谈吐、正直勇敢的形象等，是那么令我们着迷，以至于几乎忘了去怀疑真假。

这就像电视中的浪漫场景或名人的行为举止一样，往往被媒体添油加醋地渲染过，甚至是杜撰的。媒体这样做是为了混淆视听，掩盖其自身对事件的真实看法，而大多数人并不会产生深入挖掘的欲望。面对自己喜欢的人，潜意识也不愿意让我们太往深处去挖掘。

在古代，显贵的王侯是人们争相效仿的"偶像"。小贵族会模仿"偶像"住的大城堡修建自己的小城堡；有钱的市民向往"偶像"的生活，于是盖起了成排的高屋顶房子；连一般的农民也有小礼服，因为这样，他们会觉得自己和富人、小贵族至少还有相似之处。在动物界，许多雄性会用美丽的外表来吸引雌性，例如孔雀开屏。

百年灵的手表、阿玛尼的西装或者万宝龙的钢笔之于男人，就像缤纷绚烂的孔雀屏之于雄孔雀，能给异性留下深刻的印象。女人们为了让自己深入人心，则会戴上范思哲、路易威登或古奇等品牌的配饰。还有一些人，不断显摆自己的财富和地位，即使名不副实。甚至，一些银行户头上的金额寒碜得可怜的人，居然也敢在别人面前狂妄地吹牛说自己有多少昂贵的高档服装。也有的人每天非常殷勤地讨好对方，展现出自己温柔体贴的一面，而收起自私跋扈的一面。总之，采用什么方式不重要，重要的是给对方留下深刻的印象。

就这样，在激情的驱使下，在对方心里都留下了深刻印象的两个人开始相互吸引，并且渐渐肯定：就是这个人！

究竟是谁毁了婚姻

求爱行为与审美息息相关，为了吸引别人的眼球，我们总是努力让自己看起来更加光鲜亮丽。

然而，在追求对方时过度包装自己的人，婚后一旦被识破，夫妻俩的关系很可能会变得紧张。如果两人能够适应这种变化生活下去，那就再好不过了。可惜，很少有人能够做到如此。因此，在爱情中，过度的虚假包装往往会带来严重的矛盾与冲突，甚至演变为伤人伤己的分离。

离婚前不久和离婚后很久的一段时间内，人们常常在悔恨和内疚中徘徊、挣扎，但很少有人会真诚地说："是我毁了咱们的婚姻。"

即使是在外金屋藏娇的丈夫也会指责结发妻子："是你那些无聊透顶的生活理念把我往外推的！"也许连他自己都无法相信这个荒唐的理由，但仍以此说服了自己。无论如何，这帮助他摆脱了实实在在存在于内心深处的负罪感。谎言能帮助一个人寻找平静，也会给另一个人加重负担。

少说一点儿谎！

这种呼吁或命令没有任何意义，因为唯一有用的信任已经遭到了破坏。我们不再信任另一半,甚至带着一种防御的姿态。在这种情况下,两人想要站在同一战线上或达成一致的意见,几乎是痴人说梦。

丈夫不想再和妻子继续过下去,他为自己的婚姻问题找了个合适的借口:"她一直都觉得自己嫁给了一个无能的人,她父母本来也不同意我们结婚。"当婚姻双方失去对彼此的信任,再怎么说谎、怎么耍诡计,都很少能够调和矛盾,回到从前。而最无辜的孩子则成了牺牲品——尽管孩子受到的伤害越来越多,但对扭转夫妻间的关系没有丝毫作用。

当然,在我们的社会中,持"离婚太受伤了,还是再坚持坚持吧"这种观念的人很多。社会学家把和婚姻相关的社会制度称为"连续性的一夫一妻制",即在人生的旅程中,我们可能会换伴侣,但某一阶段的伴侣无论如何都要保持忠诚。而人类学家则说我们是"原始的一夫多妻或一妻多夫制",即我们对忠诚并没有那么认真,但仍愿意只有一个伴侣。

因此,很多不愿离婚的人都尝试着利用孩子来挽回婚姻——看在孩子的分上,再坚持坚持吧,一切都会好的。然而,这只是一个谎言。从结果上来说,孩子或许能够延长婚姻的寿命,但同时也降低了婚姻的质量。

6.男人、女人、谎言

只有女人和算命先生懂得如何利用人家的信任。

——[法国]巴尔扎克

谁的荷尔蒙在飞

男性化的、被荷尔蒙驱使的生活方式是很危险的，有一种残酷的方式清楚地向我们展示了这一点—— 被阉割的男人比正常男人平均能多活十几年。[1]当然，女性体内也存在男性荷尔蒙，而充满战斗力的睾丸激素，也会驱使女性选择危险的生活方式。

不过，女人—— 至少在我们的社会中—— 也明显比男人活得长。男人的平均寿命会比女人的平均寿命少7年，很多人都尝试解释这件事。

从科学研究的角度来说，男人受到的压力更大，对压力的抵抗力却较低。而且，他们的冒险意愿明显比女人高。他们致力于谋取更高

---

[1] 据英国《每日邮报》报道，韩国仁荷大学的科学家们在对朝鲜王朝（公元1392年至1910年）的皇家成员的宗谱记录进行仔细分析后发现，被阉割的男性的寿命一般比普通男性长14到19年。这意味着男性荷尔蒙很可能会缩短男性寿命。韩国仁荷大学的Kyung-Jin Min认为："这项发现也为解释男女寿命差距提供了线索，因为女性的平均寿命长于男性。"

的地位、更多的荣誉、更强大的力量等。而女人则生存在斗争较少的社会环境中。从数据上来看，女人参加工作的比率更小，而且往往选择压力较小的工作环境，她们会与别人谈论自己的担心与困苦，从而释放出压力。研究者还发现，女人一直到绝经期为止，体内都存在着抵御心肌梗塞的荷尔蒙屏障。

从生物学的角度来说，复制自己的基因，即成功养育后代是生命中非常重要的任务。

一项心理学实验显示的两性之间的差异之大，彻底震惊了我们。那项实验中有一个非常重要的问题：谁会接受异性发出的性行为请求？答案很清楚——前几页我们已经提到过。在一次与性毫无关系的普通访谈中，女性访问者向被访问的年轻男性提出请求，结果，至少有 60% 的人表示接受——面对有魅力的女人，男人很乐意发生一次短暂的艳遇。而与此相对，当男性访问者向被访问的女性提出该要求时，竟然没有一个女性接受这样的求爱，尽管那名男性访问者非常有魅力。

这个明显的差异反映了男人与女人在选择伴侣时的不同，或者可以简单地说，由于荷尔蒙的作用，男人很难放过与他人交配的机会，因此，他们必须依靠自己的理智来抵抗此类诱惑。而女人对此类事情的处理方式完全不同。她们能够更理性地思考，而不是随意将这种恩惠施予一个陌生人。对此最有可能的解释是，生理上的差异决定了这件事情给男人和女人带来的后果不同。很明显，怀孕强制性地提高了女人的情感成本和生活成本。对男人来说，一次成功的繁殖只需要几分钟的努力，而对女人来说，则意味着持续多年的责任。

有人提出了异议，认为避孕可以解决这个问题，但这个观点并不十分令人信服。近 20 年来，这项研究被反复多次进行，而结果仍然很一致。也就是说，这一行为模式不会因为当下的条件而发生太大的变化，而是植根于基因之中的。

男人的谎言，女人的谎言

我们已经说过，怀孕对女人会产生广泛的影响，因而对她们来说，寻找一个值得信赖的伴侣是十分必要的。那么，为什么女人又那么喜欢被主宰和依赖呢？

一个男人值得依赖，这对女性来说意味着那个男人希望与她进行一段长期恋爱；而被男人主宰，则让女人觉得她和孩子会得到更好的保护。除此之外，她们还希望伴侣在性格上还能有一点儿孩子气，因为除了被照顾和被保护这个愿望，温暖和敏感也十分重要，而这些特性会和男人性格中孩子气的一面相联系。

研究者发现，男人的支配倾向与下巴的明显程度有关，大眼睛和孩子气的举动有联系。女人们在评价一张脸时，会注意到这些因素，而她们的反应显示，她们确实重视这些外部特征。

总的来说，潜在伴侣的外貌对女人来说，并没有像对男人来说那么重要。当她们决定是否对一个可能的伴侣感兴趣时，她们对外貌信息的关注量要比男人少 25%。

夸张地说，女人在寻找两种不同类型的男人：一种是友好的、温和的，适合长期恋爱和抚养孩子，能够支撑起家庭；另一种是可以提供强大的基因以及短暂而又缠绵的爱情的。从这一点上说，男人与女人比原来料想的以及之前陈述的要更加相似。

两性之间的差异会影响男人和女人的说谎形式，有一个观点认为，女人比男人更懂得如何运用谎言。我们不妨顺着这个思路，结合生活经验，对此做一些比较。

首先，女人的谎言更讲究策略，而男人的谎言更冲动。不得不承认，女人的思维比男人要敏捷，无论什么样的情况，她们在语速和选词的灵活性上都优于男人，而且，她们思考和说话时能够调动更多的脑部区域。很多研究都表明，女人比男人更有语言天赋。所以，女人总是可以更加多样性地来组织语言，从而编制出巧妙的谎言。

例如，男人在找借口这件事上的考虑时间很短，或者迫于形势而不得不说谎。一个男人答应妻子会准时回家，但下班后，他却和同事一起去了酒吧，往往要等到快进家门的那一刻，他才开始动脑筋去编造一个巧妙的解释。要是换成女人不守约，她往往从出发前就开始思考怎样蒙混过关，甚至会找闺蜜一起商量。

其次，女人在说谎时，能够更加娴熟地运用一些男人不会运用的小技巧。对女人来说，为了掩饰自己的谎言而煽情并不是难事，她们会用委屈的泪水、低声的抽噎、迷蒙的双眼，或者震惊的表情来加强谎言的可信性。但是，男人如果遭到怀疑，大多会高声喊："你不相信我？真他妈该死！"同样是这句话，如果从女人嘴里说出来，感觉也会不一样——她们会很巧妙地加入一点儿颤音、抽泣，使自己前面所说的话更具说服力。

有调查显示，95% 的暴力是由男人引发的，但女人们并不会因为这种威胁而变得胆怯。早在 20 世纪 90 年代，人类学家就开始研究女性是如何在一个男权社会让伴侣做自己所希望的事的。他们发现，女人更善于使用一些间接的、具有操纵性的手段。

还有一个词，我们很熟悉——"妻管严"。这种类型的男人的出现时间可比他们承认这个词早得多。他们选择做一个"老实的孩子"，"臣服"于自己的伴侣，希望可以与她更亲近。当然，他们也不可能真的接受"上级"的所有要求，只是通过多样的、间接的方式来实现自己的愿望。

另外，英国一项调查显示，男人比女人更会说谎。一家网站分别对 2000 名成年男女进行了一次调查，结果显示：男人平均每周说 4 次谎，女人平均每周说 3 次谎；女人说谎大多是因为不希望别人受到伤害，而男人说谎大多是因为不想在金钱或名誉上受到损失，或者只是为了赢得争论。

调查显示，人们最常说的谎言是生气时表示"没关系"，其次是在收到不喜欢的礼物时表示"很喜欢"。然后是故意夸高物品的价格以及装病等谎言。其中，50% 的人表示，自己知道对方在说谎。

不管谁更会说谎，至少我们可以肯定，谎言在男人和女人之间扮演着重要的角色。

吵架需要真相吗

男人和女人吵架的时候，谎言往往比真相更有用。当我们的伴侣做了出格的事情，我们会感到愤怒、郁闷、纠结。一般说来，男人会表现得具有攻击性，例如大喊大叫，或生气地跑来跑去，或用拳头敲打桌子和墙；而女人更喜欢吵架，她们哭哭啼啼、牢骚满腹、呼天抢地。

有一个很有趣的现象——在争吵时，双方都很少明确指出对方令自己生气的是哪一点。认为自己受委屈的那一方指责对方，而对方辩解无效后又觉得自己受了冤枉，于是一发不可收拾。

就某次争吵而言，导火线或许只是男人衬衣上的一根长发，但吵着吵着，这根长发渐渐就被大量其他的东西淹没了。尤其是女人，她们记性好到叫人瞠目结舌，似乎连800年前的事都能挖出来。吵到高潮时，男人在荷尔蒙的驱使下，常以暴力威胁，而女人则会灵活组织语言，进行尖酸刻薄的挖苦。

不过，总的来说，女人占优势，因为男人对这种紧张关系的忍耐力远不及女人。男人只知道，能让女人长期屈服的是隐藏在体内的威慑力。当吵架进行到这个阶段，事实被扭曲、矛盾被激化，两人都迫切地希望对方能意识到自己的错误，而真相已经变得一文不值了。

如果你回想一下自己吵架时的情景，应该深有体会，当时指责对方的理由是多么片面。而且，不管对方如何辩解，如果不道歉、认错，就没有和解的可能，尽管你内心可能已经意识到自己是在无理取闹。

耶稣会士有一个基本原则："否认者，你有罪！"这个原则被我们很好地运用在了指责别人这件事上——"你不肯承认，难道不是因为心里有鬼！"即使对方确实没有什么可承认的，我们也会不依不饶。

因此，吵架时不必急于证明那个毫无意义的真相。聪明的做法是，选择合适的语言——哪怕是谎言——安抚对方。等一切过去，事情平复，矛盾也就缓和了。

7. 没有永久的激情

我让她欺骗，她让我欺骗，我们相互说谎消遣着我们的错误。

——[英国]莎士比亚

学会享受平静

直接的情感体验是转瞬即逝的。在面对一件事，无论有多么开心、激动、愤怒，或是悲痛，在事情过去之后，这种强烈的情感都不可能复活。直面事实和事后回忆所体验到的感受是有差距的，我们经历过的一切都只能歪曲地重现，或偷工减料，或添油加醋，但都不可能和发生时一模一样。

因此，我们每天都不得不重新杜撰自己的情感世界。在最幸福的时刻，究竟是什么样的感觉？一次壮观的落日，能带来多大的震撼？一场精彩绝伦的比赛，又能使人激动到了什么程度？没有人能够准确地让这些过去的情感再现，即使遇到类似的场景，我们所能感觉到的东西也已经不一样了。当我们回忆当时的情景时，细节无法被完全再现，于是，我们被迫用语言来描述，但语言只能表达部分气氛和感觉。

诚然，照片能够勾起很多回忆，让我们的内心激起小小的涟漪；气味和音乐也能唤醒一些情绪，让部分感觉重生。但是，想要完全唤起当时的情感，几乎是不可能的。这就是为什么多年以后，当我们回想起年少时的一些事，能够心平气和、淡然处之。

同样的道理，出现在生命中的大部分人，我们都不会记得，百分之九十的经历也都会变得"没那么重要"，渐渐被遗忘。所以，记忆是非常不可靠的，随着时间的推移，会失去人们赋予它的情感，即使是那些充满乐趣的、让人幸福的经历，也会慢慢变淡。

当最初的激情退去，我们需要学会享受平淡。

为爱情抛光

有一套家具，我们喜欢得不得了，可惜有些旧了，不仅表面日渐暗淡，甚至出现了小小的刮痕。于是，我们给旧家具用了抛光剂，使其再次变得光鲜亮丽。爱情也是如此，尤其是结婚后会出现很多小小的"刮痕"，我们需要"爱情抛光剂"——善意的谎言——来修饰，使生活保持美好。

◆ 皱纹越来越明显。

◆ 对性爱的激情减退。

◆ 不再注重衣着打扮。

◆ 渐渐发福，没年轻时帅气。

◆ 呼噜声越来越大。

在一起生活多年后，你有必要如此诚实地告诉另一半这些情况吗？我们已经说过，在所有的情真意切的关系中，真相被拉伸、消磨、曲解、抽象化，最终所剩无几。两人能够长久地走下去，靠的不是真相。事实上，如果过多地执着于真相，一定难以维系关系。

　　了解一些关于"感觉"的生物学知识，可以帮助我们有效减少情感上的苦恼，避免一些重大的失误。聪明的人甚至能够带着些许自嘲来看待自己的欲望，尽情地享受，却不会完全迷恋其中。

　　研究表明，偶尔的浪漫和刺激能有效保持爱情的"新鲜度"。当我们投身于一项惊险的活动中时，兴奋会因身体的劳累或害怕而明显增强，但我们的心灵错误地将兴奋感理解为爱情，有什么不可以呢？这种带点儿自欺的感觉让我们安心。

第 **3** 章

如何**发掘**谎言中的**幸福力**

对于大多数人来说，他们认定自己有多幸福，就有多幸福。

——［美国］亚拉伯罕·林肯

本章导读

我们总说"幸福"这个词。孩子出生意味着幸福，比赛得奖能带来幸福，甚至爱人的一个微笑也会使人产生幸福感。幸福研究者认为：幸福的人有着轻松阳光的心情，可以很好地释放压力，就算愤怒或抑郁，也都只是轻度的。

我们几乎把"幸福"与"满意"视为同义词。很多人试过将这两个词区分开来，但如果仔细观察就会发现两者差别很小。在对自己的生活感到"满意"的人中，热情活泼的人喜欢用"幸福"，而性情平和的人则喜欢用"满意"。简单地说，这两种人都有一个共同的观点："我的生活状态很好，没什么需要改变的，我希望一直就这样过下去。"

对生活现状满意的人和对生活现状不满的人，区别在哪里呢？前者认为自己比起后者，至少有以下几个优势：婚姻更幸福；有更经常、更深入、更值得信赖的社会关系；精力更充沛、精神更充实；身体更健康，寿命得更长久。从表面上来看，似乎确实如此。

然而，对于大多数人而言，谈论"幸福"时，都是指个人愉悦的感觉或积极的情绪。这种幸福是短暂易逝的，获得也相对简单，比如性、鲜花、巧克力、荣誉、药物等。我们很难坚定不移地说出究竟是什么使人们感到幸福。许多幸福研究者也试图找出这个问题的答案，并设计了相关的问卷调查实验。

● 请写出使你感到幸福的事。

● 请在下列 10 个场景中，选出使你感到幸福的场景。

研究者发现，对于父母来说，"和孩子们一起玩"或"孩子能够拥有幸福"排在靠前的位置，通常是第一位。但是，如果不是问卷调查，而是实时调查，那么答案就会发生巨大的变化。

下面是一个关于幸福感的实时调查。

研究者给每位被测试者发放了一个闹钟，让他们随身携带一个星期。被测试者的任务是当闹钟响的时候，简单地记下自己刚才正在做的事，以及在那一刻的幸福感如何。之后，研究者发现，同样是父母，"和孩子们一起玩"排在很靠后的位置，只比"做家务"这一回答稍微靠前了一点儿，而排在第一位的是"性生活"。

同样的问题，答案却大相径庭，可见，"是什么使人们感到幸福"这个问题并没有唯一的答案。由于人们所处的环境、与人的亲疏关系的不同，能使自己感到幸福的事也不同，这是连自己都无法确定和说清的事。

但即便如此，我们依然想要收获幸福，无论是长期的还是短暂的，并且，我们的心灵也一直在努力朝着幸福的方向前进。

1.幸福是一种主观感受

不要担心，生活下去。

——［美国］戴尔·卡耐基

长寿的幸福修女

最近15~20年，由于积极心理学的发展，"是什么让我们感到幸福"这个问题在科学研究领域受到了重视，相关实验也层出不穷。不过，到目前为止，影响最深也最有趣的实验要数"修女实验"。这个实验从多方面表明：乐观能使人更长寿。

这个实验是从1932年开始的。参加实验的是178位刚完成受训的修女，当时她们大约二十二三岁。测试涉及很多方面，其中一项是写一份简单的自传，然后，这些自传被封存了几十年，直到最近才被打开。心理学家希望通过对这些自传的研究，弄清修女们活了多久、有几个活到了今天，并试图找出影响寿命的因素。

研究人员经过严密的考察和分析，排除了智力水平、居住环境、虔诚程度、信仰程度对寿命的影响，最后发现只有一样东西与寿命有关，那就是积极情绪。

研究人员将修女分成四类：最积极的、最不积极的，以及介于这两者之间的两类。研究者把写出"最积极的"传记的修女称为"幸福修女"，把写出"最不积极的"传记的修女称为"不幸修女"。

其中一位幸福修女的传记：

上帝为我的人生开了一个好头，他恩赐我生命以无尽的价值。过去的一年，我在圣母学院受训，这一年我过得很快乐。现在我热切期待接过圣母的圣衣，接受主无上的爱。

其中一位不幸修女的传记：

我出生于 1909 年 9 月 26 日，是家里最大的孩子。家里有五个女孩、两个男孩。我在女修道会家训一年，教化学，第二年在圣母学院教拉丁文。蒙主恩赐，我会尽力完成使命，传教、修道。

很显然，幸福修女的传记充满快乐，而不幸修女的传记则非常写实，没有积极向上的能量。研究人员发现，当这些修女 85 岁时（1995年左右），90% 的幸福修女都还活着，而这个数据在不幸修女中只有 34%。

诚然，这并不能说明消极者就活不到 120 岁，也不能说明积极者就不会在 30 岁死于心脏病。但就平均来说，在这个长寿研究中，最能解释这组数据相差如此之大的因素，就是积极情绪。

再过几年，当她们 94 岁时（2004 年左右），这一对比更加显著，仍然健在的幸福修女和不幸修女分别是 54% 和 11%。由此可见，幸福修女的平均寿命更长。

毋庸置疑，这个结果适用于所有人。你也可以通过阅读别人年轻时写的小传，来预测他们是否长寿。

但是，这和本书的主题——谎言——有什么关系？

事实上，**幸福或不幸、快乐或悲伤，从本质上来说，是人们通过调节自己的内心而获得的一种主观感受，是一种极其巧妙的自我欺骗。**

没有谁的人生能够一帆风顺，即使是幸福修女，也会有沮丧、生气、委屈的时候。研究人员对长寿的幸福修女进行跟踪采访，发现她们中的大部分人也曾遇到过非常不幸的事情，亲人逝世、被周围人误解，甚至差点儿饿死。但是，她们在面对消极的事件或令人不快的真相时，总是能够眯起眼睛、保持微笑，抱着"一切都会好起来的"这一坚定的信念继续向前走。

"半杯水"的幸福哲学

不用怀疑，乐观者更加幸福。

乐观者让世界浸透在一种美丽的光辉中，周围的人在他们眼中，都是那么友好和热心。

乐观的人接受生活本来的面目，不会轻易被逆境完全打败。他们并不是忽视消极的东西，而是对其进行重新定义，发现一些好的东西，并寻找解决办法。**在这个过程中，一些小而有效的自我欺骗发挥了难以估量的作用，激励着人们在痛苦中发现意义，在失败中发现挑战。**

悲观的人却努力使自己对生活的不满稳固下来。就算命运赐予他们巨大的成功与恩惠，他们仍旧牢骚不断、患得患失。再纯粹的幸福，在他们看来，仍存在着难以忽视的隐患。

"半杯水"的例子很好地向我们展示了乐观者和悲观者的差别：

乐观的人：啊，还有半杯水！

悲观的人：哎，只有半杯水了。

面对同一个事实，有的人充满希望，有的人却忧心忡忡。因此，**让我们感到幸福或不幸的，不是摆在眼前的真相，而是藏在内心的评判。**乐观者之所以对生活感到满足，是因为始终能从积极的方面去评价发生的事；而悲观的人正好相反。

2.比真相重要的积极能量

幸福不在于拥有金钱，而在于获得成就时的喜悦，以及产生创造力的激情。

——［美国］罗斯福

意外，只是意外

每个人都会遭遇坏事，但这并不能阻挡我们享受生活的乐趣，因为我们能够从心理上对糟糕的情况进行调节和操控。

在工作中忍气吞声、负责的项目因为某人的失误而彻底失败、和搭档争吵、开着高档的私家车卷入了一场事故、和爱人发生激烈的冲突……不管是谁遇上了这些倒霉的事，都会赶紧找出"合理"的解释，以求心灵上的宽慰。

○与爱人吵架

"他今天太累了，所以才会这么凶。没错，一定是这样的！"——面对摔门而去的丈夫，善解人意的妻子这样安抚自己，尽管她听到流言说丈夫刚刚在外面和另一个女人吵了架。

"都是酒精惹的祸！要是不喝这么多酒，我绝对不会骂她！"——

面对泣不成声的女友，年轻的小伙子会这样安慰自己，但他不愿承认，其实在不喝酒的时候，自己也经常对女友发火。

○工作中

"如果不是五个人都迟到了，怎么可能发生这种事！算了，这只是个意外，再怎么自责也于事无补了。"——很多人会把失误归为一辈子也可能不会再次遇到的"偶然事件"，这样就能减轻负罪感，也有利于重塑信心，更好地工作。

○发生交通事故后

"该死的肇事司机！要不是他为了避让别人而把车突然停下，我才不会撞上去呢！"——把一次撞车看作"特殊事件"，这能让我们在以后的驾驶中不至于畏首畏尾、如履薄冰。

尽管这些"合理"的解释未必都符合事实，但却减少了倒霉的事对我们自身的影响，使我们不会过于自责。

心理学家兼幸福研究者马丁·塞利格曼建指出，**当我们遇到不愉快或惹人烦的经历时，可以找一些理由，将其转化为极有可能再也不会发生的"偶然现象"或"特殊情况"，这能减轻我们的心理压力，尽快摆脱悲观情绪。**很显然，这是一种小小的、对自己耍的手段，但不容易被识破，甚至连我们自己都不会对此产生怀疑。

当遇到糟糕的事情时，我们就是借助这种心灵机制，维护着自己在自己心中的形象。而当我们面对成功时，则需要另一套思路和解释，以提升自己在自己心中的形象。

"只有我能做到！"

面对生活中的胜利，我们常常会由果导因地进行反向分析，找出"只有我才能做到这样"的证明。

女记者佩德安为自己所在的报社撰写了第一份政治评论，很多读者在《读者来信》一栏中称赞她"表达清晰"。她的主管也非常开心，因为在这之前，该报社的政治评论还没有得到过如此高的褒奖。当然，也有嫉妒者评论："不过是靠着新手的运气罢了。"

佩德安的好朋友问她："你是怎么做到的啊？"

关于自己的成功，她回答道："我总是能比其他人更早发现时机，并且也更果断。原先写政治评论的格哈德总也抓不住机会，这个大家都心知肚明。所以我就毛遂自荐，接手了这个专栏。我觉得自己对话题具有良好的捕捉能力，我相信我的读者一定能从中受益。"

这个例子的重点不是自我炫耀，而是对自己的认可。"我对自己的能力毫不怀疑。"——这种内心的自我肯定，和自吹自擂有着天壤之别。

想要做出好的成绩，比起能力，更具决定性的因素是一个人的自我要求和评价。一个能力中等的人，内心却对自己要求很高，自我评价也很高，那么他将比那些能力有余但不求上进的人更有可能得到一份满意的工作或完成一个重要的项目。

但是，适当而准确的自夸并没那么容易，因为总有一些小妖小怪阻止我们这样做，最简单的就是我们的内心时不时地在提醒我们："自卖自夸最恶心！"因此，面对上司的夸奖，很多人宁愿相信只是因为上司心情好，而不是因为自己能力强；当我们凭借第六感揭穿骗子的诡计时，我们宁愿相信这真是"万幸"，是偶然，而不是为自己的直觉感到自豪。一个女人总能成功把车倒进很窄的空间里，如果仅仅将这种能力当作"偶然"，那是非常危险的，也是相当可惜的。

取得成就时，不妨在心里告诉自己："只有我能做到！"一个人，只有当他认识到自己的不凡时，才有可能借助成功使自己获得成长，同时把成功传播到其他领域。

暗示性谎言的魔力

当我们不得不完成一项无聊透顶的任务时，就会想方设法告诉自己这项工作是多么有趣、对提升自己的能力是多么有用。而神奇的是，渐渐地，我们发现这项工作似乎真的不像我们原先想象的那么讨厌了。

托马斯勤工俭学做的是倒垃圾，他坚信每天推着重重的垃圾车奔波是相当好的锻炼，想要保持健康的体魄，没有比这更合适的工作了。这份在别人看来很低贱的工作，托马斯却乐在其中。到最后，他已经搞不清，究竟是自己说服了自己接受这份工作，还是发自内心地喜欢这份工作。不过，这已经不重要了。

莉莉安在养老院帮忙，她在给老人们铺床、洗涮、洗澡时，常常会编造或夸大一些生活中的事，以逗老人们开心。起先，她只是想借这些事来驱散养老院寂静的气氛和自己的不安，但慢慢地，这个权宜之计变成了很生动的故事书。莉莉安迷恋那些生活乐事带来的力量，甚至到最后，连她自己也开始怀疑自己所说的都是真实的事。

这两个例子还向我们证明了，一个能用积极向上的暗示性谎言影响自己的人，会有大收获。

"其实没那么糟。"

想要获得积极的生活情感，关键就是能够看到事物积极的一面，尽管对于一些悲观的人而言，这是相当不容易的事。

马克斯，22岁，大学生。他总觉得自己不是很幽默，每次和女同学聊天，他都会忍不住想："以后不会再有这样有趣的交谈了。"或者"她只是对我的笔记感兴趣罢了，我不能再欺骗自己了。我和女生约会，从来就没成功过。"出于这种自我评价，他把每次和女孩子的搭讪都判为失败，因此感觉不到快乐，尽管在女孩看来，马克斯很有意思。

马克斯意识到自我评价和别人对自己的评价产生了分歧。因此，第一步，他承认："我的悲观情绪对我的判断力有着巨大的影响。"第二步，他开始认真思考策略，最基本的就是告诉自己："其实情况没有我想象中的那么糟。在和她们交谈时，我还是比较有风度的。"

尽管这个小小的自我安慰无法完全克服他的悲观主义情绪，但至少让他开始怀疑自己以前的结论：她和我有说有笑，也许并不只是对我的笔记感兴趣。

这无疑是个好兆头。

相信你身边不乏这么一些人，他们陷在人生低谷之中不可自拔，即使遇到令人惬意的事情，也难以抵消他们内心的伤痛。他们并非不了解积极情感的重要性，但又觉得自己是如此的不幸，表现得对生活充满积极性无异于"粉饰""自我欺骗"。而且，他们通常会把"乐天派"解释成"盲目派"。如果他们能够和马克斯一样，勇敢地对自己说"其实没那么糟"，那么，一切问题都将变得更容易解决。

有个女人，长相一般，身材也不好，但她每天出门前都会精心打扮，保持良好的自我感觉。她阳光的外表、明朗的气质释放出了强大的魅力，吸引了很多异性的目光，自己也得到了快乐。

凡事都往好处想，能够帮助我们有效抵制悲观主义情绪，将注意力转移到优势的方面，从而获取积极向上的能量，也能更好地促成生活和工作。

3. 成熟的防卫

有积极的思想不是因为身处何地、何种情境，而是因为精神世界让人或高兴或悲伤。

——［英国］罗杰·莱斯特兰奇

研究者称：幸福者的人生态度是"成熟的防卫"。

这是一个心理学上的概念，是"自我"发展成熟后所表现出来的心理防御机制。通过成熟的防卫，我们不仅能够有效地处理或缓解矛盾和冲突带来的负面情绪、解决现实生活中的困难、满足自我的欲望与本能，还能使自己为一般社会文化所接受——简单地说，就是一个剔除消极、压抑的积极的过程。

成熟的防卫，其核心是能够在一定程度上忽视消极的方面，或将其理解为积极的意义。说得直白一点儿，即现实而道德地进行些许自我蒙蔽和自我欺骗。

潜意识为成熟的防卫准备了多种方式，其中之一就是向自己做解释。在心理学上，我们称之为"合理化"，或者"文饰作用"。我们总是无意识地用看似"合理"的解释来为难以接受的情感、行为、动机辩护，使其变得可以接受。

当我们需要尝试新事物或者打破常规模式时，往往会感到非常纠结。这就像刚和爱人吵过架的人们一样，犹豫着如何迈出和解的第一步。在这种情况下，判断力表现得很差劲。

面对一个决定，如果有"支持"和"反对"两方，那么我们会发现，理智反而是一种束缚，阻止着我们倒向任何一方，只有勇敢能帮助我们在瞬间做下决定，让自己从混战中抽身而出。

"没什么大不了的，又不一定会遇上危险。""这就开始做！"这个瞬间就是起跑的枪声，一旦进入跑道，起初用于帮助我们做决定的伎俩——适当的自我欺骗——就不那么重要了。

当我们需要向别人妥协、让步时，常常会以"斟酌""协商"作为粉饰，这也是一种成熟的自我防卫。我们或隐忍退让，或保留意见，是为了让其他人获得精神上的满足——如果不按照这个逻辑来解释，我们就不得不承认自己的失败，那种感觉相当糟糕。

在动物界的角逐中，输的一方必须臣服于胜的一方，或者对胜利者敬而远之。但人类能够通过巧妙的语言，让自己获得某种平衡。

例如，我们常常听到"胜之不武""精神上的胜利，才是真正意义上的胜利""他不过走了狗屎运"等解释和安慰，将自己从物质上的失败中解放出来。小孩子考试不合格，常常会抱怨："老师教得太差！""出的题太偏了！"小小的谎言，拯救了我们易碎的自尊心。我们知道，自尊心是非常重要的心灵支撑物。

有一只狐狸，它看着成串成串的紫葡萄，馋得口水直流。可是，葡萄架太高，无论它怎么努力都够不到。最后，它不得不放弃了："算了，葡萄还没熟透呢，是酸的！"

这只吃不到葡萄就说葡萄是酸的狐狸，为心理学的研究做出了巨大的贡献。这种"酸葡萄心理"也是一种成熟的防卫。当我们真正的需求无法得到满足时就会感到挫败，为了解除内心的不安，我们常常会编造一些理由来安慰自己——或者更准确地说，是欺骗自己——以消除紧张，减轻压力，让自己从不满、不安等消极心理状态中解脱出来。

诚然，我们无法像心理学家那样熟练地运用这些理论，但我们可以试着从日常生活着手，为自己建立起成熟的防卫，让人生更幸福。

成熟的防卫

● 在一定程度上排除消极的事物，而日常生活不会
  因此受到影响。

● 充满希望地向前看。

● 规划未来。

● 不求回报地去帮助别人。

● 鼓励自己。

● 心情愉悦地和更多的人保持联系。

4.坚不可摧的友情

若不能原谅彼此的小缺点，便不能让友谊长存。

——[法国]拉布吕耶尔

友谊是世间最美好、最温柔的情感之一，是幸福感的重要来源。

我们通过与朋友分享快乐、忧伤，获得情感上的支持，能够减少负面的情绪。遇到困难时，朋友之间的互相鼓励、支持和帮助，使我们充分感受到需要与被需要、支持与被支持的力量，而这能够增强自我满足感。即使偶尔吵架了——只要不是非常严重——我们也依然会在对方需要的时候出手相助，在对方难过的时候出言安慰。

科学记者托马斯米勒曾说："为了社会的稳定和心灵的健康，某种程度上的谎言是有必要的。"

当我们发自内心地把一个人当作朋友，就会不自觉地站在他的一边，偏爱地看待有关他的一切，甚至为他性格上的缺点、不太好的习惯加上一个充满爱意的解释。这种自我欺骗让珍贵的友情变得更加稳定。

这是友谊游戏的规则，谁不遵守，就会失去"朋友"的地位。在出现矛盾时，这个游戏规则也适用。我们谴责那些飙车耍酷、喝酒骂人、邋里邋遢、勾三搭四的行为，但如果主人公是朋友，我们就会友好地劝说，甚至会予以理解和原谅——谁没有点儿与众不同的个性呢？谁遇到事不能发泄一下呢？但如果这么做的是陌生人，我们就开始皱眉责骂："一点儿素质都没有！""简直就是没头脑的蠢蛋！""他的妻子居然还在维护他，看来一家人都有病！"

戈尔德不喜欢喝威士忌的男人，但是，他最要好的朋友却爱上了威士忌。戈尔德很快接受了这个事实，而在一次宴会上，看到别人举起威士忌，他立马就感到厌恶，甚至想要转身离开。

相信你一定也有过类似的经历。例如，你很讨厌烟味儿，某天，一个失去联系很久的朋友突然来访，你们激动地拥抱、聊天，然后朋友在客厅吸烟。你假装不在意，继续友好地交谈着，即使发现对方有吹牛的倾向，你也只是一笑而过。

有时，我们会稍稍夸大自己对朋友的关注。当我们偶然遇到昔日好友，常会忍不住夸大重逢的喜悦。艾丽莎逛商场时见到了学生时代的室友茉莉安，她激动万分地抱住室友："哦，亲爱的，我问了好多人都找不到你，我以为你不会回来了。"而事实上，艾丽莎只是在结婚的时候想起过她。

有时，我们会因朋友受委屈而义愤填膺，哪怕理亏的其实是朋友。碧丽葛和邻居发生了激烈的口角，甚至当着很多人的面扇了邻居一个耳光。好朋友苏珊一面劝架，一面偷偷告诉碧丽葛："是的，我理解你，谁叫那个人那么讨厌，让你那么火大呢！她活该！"

友谊万岁！

有人甚至为了朋友在法庭上说谎。

一个年轻的司机超车时，轻轻撞到了艾利克斯的车。艾利克斯当时只有一个人，而那个流氓司机还有一个同伴。那两个人无耻地把责任都推给艾利克斯。事情闹到了法庭上，皮特得知后，毫不犹豫地支持好朋友艾利克斯："别担心，我会为你做证的。当时我就开在你前面，整件事，我从后车镜中可是看得一清二楚。我会在法庭上实话实说，不会让你无辜蒙冤的。"

在这里，我们见证了坚不可摧的友谊。

友谊中的互信关系，能够满足我们的归属需求，并且能够提供社会支持。一个人一生，会认识很多人，但并不一定都能成为朋友。我们只愿意选择那些和自己相似的人做朋友，这可以增强我们对自己的评价，提高自信心，因而，我们非常珍惜来之不易的真正的友谊，并享受由此带来的满足感和归属感。

5.强大的"谎言治愈力"

> 所有的病态都是基于人们对自己过于广泛的关心，即自我克制的对立面。
>
> ——[奥地利]多德勒尔

能治病的谎言

医生常常告诉病人："这些药保证对你有帮助！""只要你按时吃药，身体很快就会恢复了。"就算医生开出的是由糖或淀粉制成的安慰剂，他们也仍会这么说。对此，大部分病人的共识是：安慰剂对25%~40%的病人都有效；红色的安慰剂比白色的安慰剂更有帮助，大的药片比小的药片效果更好；如果药是首席医生开的，那么疗效一定比护士开的药更好。

谎言可以治愈疾病？这听起来像天方夜谭！但是，安慰剂不就是个很有帮助的谎言吗？倘若在安慰剂的包装上明确地写上："此药片不含任何有效成分，只有你相信它能帮到你，它才能帮到你。"那么，估计人们都要跳脚了，包括很多医生和药剂师。可见，**在医学上，谎言是必要的，即便不含任何有效成分，一些病人服用后，病情确实得到了缓解，这就是"安慰剂效应"，也是"治病的谎言"。**

几年前，德国曾进行过一项关于针灸疗效的大型研究：针灸师对一半病人进行了"专业治疗"，针灸部位非常讲究；同时对另一半病人进行了"非专业治疗"，即选择的针灸部位都无关紧要。当然，病人们并不知道这个情况。然而，研究结果令人震惊：两组病人中，治愈或有所缓解的人数百分比一样。我们有理由相信，这里存在着"安慰剂效应"的作用，但没有哪个针灸师愿意这样谈论自己的技术："其实我扎在哪儿无所谓，重要的是你相信它有效。"

《南德意志报》的科学板块编辑克里斯蒂娜·伯恩特曾指出："医生们在很久之前就发现，通过一次友好的谈话，或一次毫无意义的核磁共振成像，或一场弄破点儿皮的假手术，可以使治疗取得巨大的成功。"当然，我们必须承认，和其他任何事物一样，这种谎言也存在消极的一面，比如"反安慰剂效应"——如果一个病人不相信自己接受的治疗是有效的，那么病情有可能会恶化。

勇敢的人不怕疼

我们都有经验，只要不看着打针，就能减轻注射带来的疼痛感。这一现象很久之前就被发现了，但最早引起医学上的思考，大约是20世纪70年代的事。

当时，一位名叫彼得·布朗的英国医生参观了一家中国的儿童医院。他看到会诊室外站着一群孩子，他们即将进行扁桃体切除手术。令人感到不可思议的是，他们各个面带笑容，完全看不出任何担心和恐惧。护士给孩子们喷射喉部麻醉药后，就带着他们进了会诊室。孩子们爬上桌子、张大嘴巴，只需几秒钟，扁桃体就被切除了。

布朗医生感到非常不可思议。在西方国家，接受扁桃体切除手术的人们认为这是一个非常痛的手术，然而这群中国孩子却似乎完全感觉不到疼痛。为什么会这样？究竟是谁说了谎？

达特茅斯大学的约翰·兰泽塔和他的同伴设计了一个"电击实验"，为我们提供了很好的解释。

实验室中有两台机器，兰泽塔在实验参与者的腿和左手中安上电极，并在其右手手心安上汗水传感器，调试好设备，然后离开了实验室，在隔壁的房间里通过闭路电视观察参与者的反应，并与其进行对话。

第一组实验中，组织者告诉所有的参与者，他们将收到一系列强度不等的电击，而参与者要做的就是在受到电击时喊出一个 1 到 100 之间（包括 1 和 100）的数字，以表示自己的疼痛感。每个参与者都受到了 20 次电击，组织者详细记录了他们喊出的数字。

第二组实验中，还是这些参与者，规则也一样，电击强度的变化也一样，唯一不同的是，兰泽塔要求他们尽量掩饰自己的感觉，不是大喊，而是尽可能平和地说出数字。组织者同样认真记录下了每个人说出的 20 个数字。

兰泽塔和他的同伴们发现，当参与者表现得坚强、放松时，紧张感会得到缓解（根据汗水传感器的数据）；并且，他们感受到的疼痛度也会降低（根据喊出的数字）。

现在，我们不难理解为什么中国的孩子能够笑着接受扁桃体切除手术了——教育者告诉孩子们，手术一点儿也不可怕，越勇敢的人，就越感觉不到疼痛。

孩子们也许无法分辨，但大人们都很清楚，这是一个再明显不过的谎言。但那又怎样呢？**实验和现实都证明，这个谎言蕴藏着巨大的能量，帮助我们减轻痛苦，收获健康。**

受到以上实验的启发，一些研究者开始提出新的课题：如果人们表现得强壮有力，是不是也能降低感受到的疼痛程度？

日本东京大学的瓦妮莎·伯恩斯及其同伴在一次关于"运动对健康的影响"的调查中发现，一些参与者抬头挺胸，做出很有力量的动作，而另一些参与者则表现得非常无力。然后，组织者在每位参与者手臂上绑上止血带。当止血带收紧，手臂上的血流会减少，因而疼痛感会越来越明显。如果参与者达到忍耐极限了，就必须告诉组织者。结果显示，比起那些"无力者"，"有力者"显然更具忍耐力。

很多实验都证明，仅仅因为表现得强大（不一定是真的强大），就能更好地克服负面情绪。因此，就算你是一个柔弱的人，也要学会抬起下巴、坚定目光，为自己塑造一个强大有力的形象。

其他医学谎言

医学谎言的存在很多时候并不是人们有意为之的。在过去的数十年中，判断一个人是否生病的极限值发生了改变，也许有些人今天还是健康的，明天就被判断为"生病"了——不是身体本身发生了巨大的变化，而是因为随着研究的深入，界定疾病的标准变了，从而使一些被我们忽视的症状也成了疾病的表现。

例如，女性更年期出现的某些症状也被认为是疾病，可以用荷尔蒙来治疗，但最新研究却又表明，荷尔蒙替代疗法虽然有一定的功效，但也会增加女性患乳腺癌或卵巢癌的风险。

有些医学谎言甚至误导了我们很多年，比如"无糖的能量饮料更好"。很多消费者都很关注体型，因此对"无糖"这个词很敏感，但需要注意的是，饮料中除了糖，还有其他成分，像咖啡因。大约从2008年起，人们对维生素药物的作用也提出了明确的质疑。

顺便提一下一种比较"另类"的谎言。人一旦过了50岁，疾病就会成为一个高人气的话题，并成为社会评估的一个方面。2011年，德国的实际退休年龄是61岁，比法定退休年龄提前了5岁。这里反映了一种管理上的策略，即用人单位让那些上了年纪、效率不高但却拿着高薪的员工离职；同时，有些人为了早点儿退休而故意夸大、甚至捏造病痛。疾病在这里成了一种谎言，而且非常好用。

6.不多不少的秘密

太多的秘密和太少的秘密都说明精神的软弱。

——［法国］沃维纳格

人人都应该有小秘密

有人要求绝对的真诚——在某一特定的时间，将大脑里发生的一切，毫无保留地说出来。他们把这种坦诚视为真正的友情或爱情的证明。生活中的某些时候，坦率确实能够使两人的关系更加密切。但那些常常在错误的地点、错误的时间，跟错误的人推心置腹的人，你要当心了，千万不要悔不当初。

只有在一定的条件下，真相才能被拿出来。如果你说"我不想谈这个话题"，实际上已经有所暗示了，对方会开始追问：

"你不愿意说？为什么？"

"这件事跟我有关系吗？"

"你究竟想对我隐瞒什么？"

"应该不会很糟糕吧！"

面对质问，"诚实作答"和"避而不谈"都不是明智的选择，聪明的做法是：**为对方制造机会窥探你已经设计好的想法。**当然，前提是你在平时要尽量保持坦诚。也就是说，当你需要维护自己、保留个人隐私时，注意要假装坦诚，即利用有技术含量的谎言为自己掩护。

你不用为此感到自责或不安，每个人都有保留秘密的权利，一些学者甚至认为：秘密是人格特征的核心，如果一个人没有值得小心保守的秘密，他就没有自我。

这个逻辑不难理解，倘若一个人完全没有秘密，那就说明他与某个团体已经很好地融在一起了，以致他无法感受到自己同时也是作为一个个体存在的。因此，这些学者甚至建议我们自己去创造一个秘密，以便我们既能与外界环境相融，又能明确地把自己和外界区分开来。

沉默的大多数

有时，我们也需要保守别人的秘密，而最常用的工具就是"沉默的谎言"。律师、医生、心理治疗师、税务顾问或公职人员，若从第三方获知了一些不适合公开的信息，那么，他们就只能保持沉默。

同样，如果你想证明自己是一个值得信赖的人，也必须学会沉默。只有在沉默的前提下，我们才会被告知更多的信息。我们经常听到诸如这样的请求："马库斯让我很不耐烦，可我居然喜欢上他了，你可别跟人说啊。"这种信息基本没什么保密价值，但我们不会去大肆传播。类似的情况还有——

一个女同事在找新工作，只有你知道这件事；

一个朋友向你透露，他遇到了严重的财政问题；

一个朋友身患重病，但他只告诉了你，因为他不想被人同情；

一个朋友喝醉后告诉你，他曾蹲过几个月的监狱；

一位妻子重新回到了丈夫身边，表面上看她想维持婚姻，但你知道她其实是在为离婚做准备。

在保守秘密这件事上，沉默是金。"和谁说心里话"是个需要谨慎思考的问题，因为我们很难确定别人是否能替自己保守秘密，就像别人也不敢断言你能替他们保守秘密一样。很多人不小心说出了自己的秘密，之后会感到极度不安，他们会揣测：那个人真的可靠吗？我可以相信他吗？他会不会把这个秘密告诉别人？

保守秘密，以及为保守秘密而说谎，是一件需要严肃对待的事。

晒秘密能增加幸福感

我们的心理可以分为三个区域，即

透明区——自己知道、也可以让别人知道的区域；

潜在区——自己知道而不能让别人发现的区域；

隐匿区——自己不知道，而别人可能知道也可能不知道的区域。

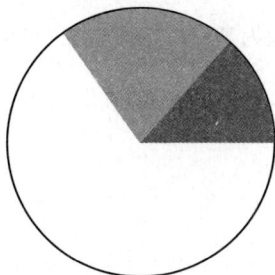

- ■ 隐匿区
- ■ 潜在区
- □ 透明区

研究者称，这三个区域的比例，很大程度上决定了一个人创造幸福感的能力。理想的状态下，透明区最大，隐匿区次之，潜在区最小。如果隐匿区大于透明区，或潜在区过大，都是不健康的心理状态。

因此，如果一个人有太多"不能说的秘密"，总是担心被人知道，长期处于紧张之中，心理压力也会大大增加，感知幸福的能力就会降低。我们需要寻找一种适合自己的途径，把秘密说出来，使压力得到释放。

但是，我们无法保证自己始终"很有分寸"地把秘密展示给别人，而且，有些秘密是连朋友都不能告诉的。很多人选择写日记，这是一种很封闭、很孤独、很自我的方式，只不过是把秘密变成文字而已。想要真正发泄，我们需要一种更开放、更有人情味儿的方式。

在现实生活中，我们保守秘密，就是不想引起麻烦，或者伤害自己和别人，但网络就不一样了。在这个虚拟的世界中，人们相互交流，却又没有任何现实生活上的交集。我们不必担心自己说了什么话，传到某个人的耳朵里引起误会和伤害。网络世界中的人很少会介入我们的现实生活，这能降低我们的尴尬、羞耻、自责等负面情感。并且，很多时候，人们还能给我们一些有效的建议，让我们摆脱心理阴影。

当然，与此类似的，也可以向一些因为某个机缘而聚在一起的陌生人倾诉。

7.让自己幸福起来

记着，幸福并不依存于你是什么人，或拥有什么，而是取决于你在想什么。

——[美国]卡耐基

学会敲打"不幸删除键"

自己就能让自己变得更幸福吗？

这个问题可能会让你感到迷茫，因为答案中隐藏着这样的逻辑：要让自己更幸福，就要懂得对自己耍诡计，或者换个说法——必须学会对自己说谎。

在寻求幸福感的过程中，情绪管理扮演着相当重要的角色。有效地调节短期情绪，对寻求长期的幸福感起着潜移默化的积极作用。但是，诚实地说，情绪管理很大程度上就是一个自我欺骗的过程。

神经生理学和激素的研究表明，当一个人在思考时，会相应地感受到一股情绪拉力，把人拉向以下两种状态：积极情感吸引（PEA）和消极情感吸引（NEA）。而这两种状态都与大脑和身体中的某些生理过程相关，也与情感倾向、认知倾向和行为倾向有关。

当我们处于充满希望的状态时，PEA就被激活：呼吸放慢，血压降低，免疫系统活跃性提高，人们会感到平静乐观，充满希望。

如果我们专注于一些消极因素，则会激活 NEA，人们会感到紧张，压力增大，产生悲观和防备情绪；血压上升，呼吸加快，面部肌肉绷紧，身体随时准备承受压力或伤害，并产生紧张反应，血液涌向身体中大的肌肉组织，那些不太重要的神经线路被迫关闭，人与大脑的许多部分就失去联系。

因此，我们必须通过某些方式，让自己变得乐观向上，哪怕只是暂时的。其实，在现实生活中，每个人都知道一些适用于自己的短暂的、帮助调节心情的方法。

例如一块美味的巧克力能使一些人暂时忘却烦恼，洗个舒适的热水澡能使另一些人精神振奋，给身体做一次放松的按摩也能帮助一些人改善心情，和最爱的人相互依偎、亲热也是很有效的方法。这种小小的愉悦——或可称之为小小的逃避——能帮助我们度过暂时的低谷。

不过，有一个前提是我们必须能够容忍改变。也就是说，就算心情再糟糕，我们也要先说服自己愿意接受新的变化才行，否则，一切措施只是徒劳。因此，一个小小的逃避有时候也需要大大的努力。

记录美好的时刻

科学家对一个人幸福感进行了研究：**每天坚持在日记中记录美好时刻的人，对生活的满足感会提升，幸福感也就更高。**在这里，自我欺骗的成分显而易见。

当然，这不是说拼命地说服自己："我的生活很好，我的生活很好，我的生活很好……"而是通过提醒或暗示，间接地增强美好或骄傲的感觉在大脑中出现的频率及持续长度；记录美好时刻这一行为，则进一步增强了那些积极向上的经历留下的感觉。因此，自我欺骗是一个相当复杂的过程，即便只是机械地使用这个规则，也将受益颇丰。

所以，**将"尝试感觉美好事物"作为自己的目标，从看起来平淡无奇的情景中过滤出美好的事物，并记录下来，这能有效改善一个人对生活的满意度和幸福感。**

这种尝试一开始是纯粹的、机械的、强制的，但就像一个人有意识地改变自己的游泳姿势一样，随着时间的流逝，我们对外界事物的感知方式也会渐渐改变，直至成为一种下意识的习惯。

与此类似，每天晚上收集一天中的美好时刻，作为睡觉前的一种随意而自然的仪式，久而久之，美好记忆会越来越多，而不好的记忆会渐渐减少。

研究显示，"好的记忆"和"不好的记忆"之间的比例，决定了一个人精神上的健康状况，当两者的比例达到 2 ∶ 1，或者更大时，你就是十足的乐观者了。

如果你是一位母亲，坚持在每天睡觉前帮助孩子回忆美好的事，并将那些在孩子看来不太美好的事"变成"美好的事——这个过程总避免不了小小的谎言——那么，你的孩子会用温暖的色调来描述生活，即使将来遇到少许灰色，他也依然能保持积极向上的心态。

使用积极词汇

有研究表明，如果着重让人们说一系列积极词汇，其创造力将会提高；考试前阅读一本有趣的漫画书，也有同样的效果。写作业时，相比用嘴噙铅笔的学生，用牙咬铅笔的学生能够更快地得出答案，为什么呢？因为用牙咬铅笔时，嘴角会不由自主地上扬，从而使脸部出现一个微笑，正是这个不经意的微笑，刺激着大脑更敏捷地寻找答案。

一般说来，我们在日常生活中所使用的词汇可以分为三类：积极的、消极的以及中性的。

根据"暗示性谎言"和"成熟的防卫"原理，经常使用消极的词汇，比如"问题""失败""困难""麻烦""紧张""难过"等，会增加我们的恐慌和无助感。

因此，当遇到消极的事物时，不妨小小地欺骗一下自己："这是对我的挑战。""我一点儿也不担心。""这是个非常好的机会。"

8.创造幸福的练习

人类的一切努力的目的在于获得幸福。

——［英国］罗伯特·欧文

我们都有这样的经验：如果别人对我们微笑，我们也常常会产生向对方微笑的冲动。有时候，一个不经意的微笑，能赶走心头的雾霾，让我们在某个瞬间突然感到轻松、快乐。

早在 19 世纪末，就有心理学家对"微笑"产生了兴趣：

为什么我们在高兴时而不是在生气时微笑？为什么我们面对一群人时，不能像和一个朋友说话那样侃侃而谈？为什么一个妙龄女孩会让我们疯狂？或许一个正常人会这么回答："我们当然会笑；我们看到一群人时，当然会因为紧张而心跳加速；我们也当然会爱那个灵魂美好、外表美丽的女孩，因为爱总是让人丧失理智、难以捉摸！"

这位心理学家就是被誉为"当代心理学之父"的威廉·詹姆斯。和文中所说的"正常人"的思维不同，詹姆斯认为，**不是因为快乐而微笑，而是因为微笑而快乐**。不过，詹姆斯从未正式验证过这个理论，而且，由于这个理论在当时看来是"超越时代"的，很快就被遗忘了。

直到 20 世纪 60 年代，一位名叫詹姆斯·莱尔德的年轻学者重新将注意力集中在这个被遗忘了大半个世纪的理论上。当时，莱尔德在罗切斯特大学进行临床心理学的学习和研究。在一次与患者的谈话中，莱尔德捕捉到患者脸上突然浮现出的一抹微笑。回家的路上，他一直在回想那次谈话，尤其是对那个不同寻常的微笑产生了浓厚的兴趣。

"他当时是什么样的感受呢？"莱尔德一边这么想，一边模仿着做出了一个同样的微笑。结果，他惊奇地发现，那个微笑使他立刻感到了一种快乐。太不可思议了！他又皱了皱眉，发现立马有一种悲伤爬上心头。

莱尔德的职业生涯由此发生了巨大的改变。他在詹姆斯的《心理学原理》一书中找到了解释，并着手进行了实验，以论证詹姆斯的理论——**和皱眉相比，微笑更能让人们感到快乐。**

莱尔德在每位实验参与者的下颚、嘴角和眉间分别放上电极（当然，电极是假的），然后告诉他们：这个实验是为了研究面部肌肉的神经电极活动，因此，参与者的情绪变化会影响到实验；为了尽可能地避免误差，参与者要汇报自己的情绪变化状况。

接着，参与者按照莱尔德的要求，通过控制电极做出各种表情，例如生气和开心。每做出一个表情，参与者就会收到一张写有各种情绪的表格，他们需要把自己感受到的情绪的强烈程度写在表格上。

实验结果显示，**当参与者做出微笑的表情时，他们感觉自己变得快乐起来了；而当他们皱起眉头时，感觉自己开始生气。**——詹姆斯的理论由此得到了验证。

想要获得幸福，首先要学会快乐，而创造快乐最简单、最直接的方法，就是微笑。不必去追究自己为什么要笑，只要笑起来，快乐就

会源源不断地涌上来，幸福也就不远了。

微笑不仅能让自己变得快乐，也能让别人感到快乐。

加拿大卡尔顿大学的诺森舒克博士曾做过一个实验。他把参与者分成两组，让他们戴上耳机听同样的小故事。不过，其中一组参与者收听的故事录音中加入了观众的笑声。根据博士的观察，当听到录音中的笑声时，参与者也会不自觉地笑起来。

与此类似的，当电影或电视中的人物微笑时，观众也会不由自主地笑起来。看电影时，如果播放的是两个人相视一笑的场景，不妨回头看看多少人在同一时刻笑容满面。

来吧，让我们按照下面的步骤，开始创造幸福的行动：

◆ **面对镜子。**

◆ **放松额头和脸颊的肌肉，嘴唇自然合上或微张，让自己看起来很平静。**

◆ **把手指放在嘴角边，并尽量上提，让自己开怀地笑、放肆地笑，直到眼睛周围的脸颊上出现皱纹。**

◆ **保持笑的表情 15 秒。**

◆ **收起笑，体会一下自己的此刻的感觉。**

现在，你是否感到比之前更快乐？相信我们，无论真相如何，只要学会微笑，你要的幸福都会来。

第 **4** 章

怎样做个**正直**的**说谎者**

走正直诚实的生活道路，必定会有一个问心无愧的归宿。

——［苏联］高尔基

本章导读

　　谁把说谎视为生活中不可或缺的一部分，并且接受它，那么，他说谎就不容易被发现，因为他能够快速评估被发现的风险。如果观察说谎的过程，我们就不难发现，对风险的评估是有意识地进行的。我们先说出一句话，之后才认识到它跟事实不是那么契合；同时，我们也会注意到，这个自然而然说出的谎言，与这个时间点是多么相符。**我们不需要花时间去思考说谎，但潜意识已经为我们准备好了谎言。**

　　上司问："工作都完成了？"你马上回答："差不多了！"事实上，成堆的文件还堆在桌子上一动未动。同事问："你会来参加我的聚会吗？"你不假思索地说："真抱歉，我已经有约会了，可能抽不出时间。"但其实你甚至做梦都不想参加那个无聊的聚会。因此，说谎很简单——或许应该这样表述：每个真相都有千种面具，这些面具可以随着场合、目的的不同而自动变换。

　　又例如，"你看我美吗？"关于这个问题，答案可谓五花八门。

　　丈夫或许会说："你看起来迷人极了！"而他心里却在想："她今天的配饰不错，但整体上并不是很搭，不过，她在衣服的搭配上已经有了很大的进步了。"朋友或许会说："口红换个颜色应该会更好。"但同时也会想："我要是挑剔过多，她会生气的吧？可是那口红的颜色太可怕了！哎，这种事真不好处理。"恋人或许会说："你穿什么都好看。"但他没有告诉你的后半句话是 ——"腰再瘦一些就好了。"

　　美国作家大卫·纽伯格长期专注于谎言的研究。他从哲学角度，巧妙地描述了这一难题："**我们应该尝试着张弛有度地说出真相，让所有的参与者都能得到最好的结果。也就是说，只说'恰当的真相'，而不是全部真相或什么也不说。**"我们完全赞同这个观点，并且已经在这么做了。我们或掩饰一些细节，或刻意转变看问题的角度，是为了更好地和对方沟通，不给对方造成伤害，同时也有利于自己。很显然，比起赤裸裸的真相，这种充满爱意的、有针对性的谎言要好得多。

　　有些社会学家甚至认为，说谎对人类的发展有着积极的影响。人类一面追求更好地说谎，一面学会有效识破他人的诡计，这促进了大脑的发育 ——"出于进化的压力，我们需要不断地、狡猾地进行欺骗，这是大脑增大的一个原因。"

1. 与谎言"互利共生"

靠一个恰到好处的奉承，我可以活两个月。

——[美国]马克·吐温

为什么我们常常掩饰真性情

我们很少不加掩饰地向周围人展示真性情。我们所说的 90% 的话，和真实的情绪或第一反应有着天壤之别。我们总是有意无意地控制着情绪，调节着愤怒，就算插在口袋里的手已经握成了拳头，也仍能平静地提问、说话。

出于某些原因，我们不想或者说不能让别人看到自己的负面情绪。如果一个人不懂得掩饰情感、控制情绪，那么用不了多久，他就会把自己置于一个相当尴尬的境地。

就算你难以抑制愤怒，也不会在办公室使劲儿踢墙；就算你恨不得打烂某人的嘴脸，但也绝不会真的付诸行动；就算别人公开了你的糗事，你也不会像警犬那样汪汪叫或者上去咬人；就算你被一个女人迷得魂神颠倒，也不会在高端严肃的公共场合盯着她看好几分钟。

除此之外，大部分人还是"情绪转换大师"，能在瞬间调整心情。比如，当我们在和自己的伴侣吵架时，电话响了。我们拿起听筒，电话那头的人问道："最近好吗？"我们立马像是变了一个人似的，轻松地回答"很好，谢谢"，甚至笑呵呵地跟对方开起玩笑来。但只要听筒一放下，我们就会顽固地回到刚才的场景中，继续争吵。也就是说，电话里的亲和友好只是一种表演，与我们内心真实的想法和心情相去甚远。

在争吵中，我们常常无法赞同或不愿赞同对方的观点——这一点在前面的章节中已经提到过——即使那套说辞原本令我们心悦诚服，因为一旦赞同对方，我们就失去了愤怒的理由。当情绪激动时，我们很难说谎以迎合社会价值观的要求。

来看一个糟糕的例子。

莱因哈德把一个昂贵的盘子借给了邻居，他千叮咛万嘱咐，要邻居使用时小心点儿。然而第二天，他在家门口看到了这个盘子——它已经被打碎了，盘子下放着一个包裹。

莱因哈德十分愤怒，他径直去找邻居，并大声指责。邻居一边道歉一边解释说，孩子玩耍时撞到了桌子，盘子就掉地上了。但是，这个解释反而加剧了莱因哈德的愤怒。

邻居原本想说自己已经买了一个一模一样的新盘子，就放在他家门口——这句话原本可以解决一切矛盾。可惜，愤怒的莱因哈德已经气昏了头，根本没有给邻居说话的机会。最后，他吼道："以后再也不会借你任何东西了！"

邻居感到很头痛："我到底还要怎么做？"

莱因哈德说："我怎么知道！"

这种闹剧结束后，发脾气的人通常会觉得羞愧，并且向别人道歉。但事情毕竟已经发生了，留在彼此间的隔阂很难抹去。但是，在这个"事故"中，莱因哈德根本无法压制愤怒，因为情绪一旦爆发出来，是很难控制的。也正因为如此，我们才会在很多情况下都选择压抑怒火、平息风波。

我们的心理机制是独一无二的，它可以精确地感知到什么时间发火可以不受惩罚，以及是否会因为过激的反应而招致不快。所以，我们是否发火，不是由怒气的大小决定的，而是由心理机制决定的。

上司讲了一个愚蠢的笑话，破坏了气氛，但我们仍然会哈哈大笑；有人甚至能做到面带微笑地听上司在众人面前训斥自己。

看到一个发育不良的男人，我们脱口而出："矮子！"但话一出口，我们就感到不好意思，恨不得咬掉自己的舌头。这种时候，如果大大方方地道歉，恐怕只会更尴尬。于是，在心理机制的引导下，我们会试着从这个话题中绕出来，通过一场有趣的谈话来转移大家的注意力。

当我们和同事发生争吵时，常以"我有一个问题"作为开场白；当我们在会议上想要表达自己的观点时，常会捏造一个"路人甲"为自己辩护。很多套话能使批评听起来温和一点儿，或者将要求转化成请求。

总之，在社会环境下，我们所说的话几乎都是经过过滤的。人际交往从来都是有色的，愤怒、批评、要求、期待、愿望等应当如何表达，哪些笑话是能被社会接受的，哪些语言是有伤风化的，社会早已制定了相关的规则。在这一点上，我们需要遵守的规则是很复杂的。

真相的"替身演员"

我们总觉得自己说个小谎是有理由的，就像别人送我们的酒也并非都是纯的一样。一个人的说谎能力以及如何与谎言打交道、在何时使用谎言等经验，几乎是在无意识的状态下获得的。相比于其他社会行为，在谎言的习得上，我们更依赖于直觉，并且也学会了很快忘记某些谎言。这个游戏到底有多复杂，从这一点也可见一斑。

波兰讽刺文学作家维斯劳·布鲁德金斯基曾说："谎言是真相在危险时的替身演员。"

我们站在一个分裂的社会现象面前。我们明知道几乎所有的人都会说谎，但仍然毫不怀疑地声称自己和自己认识的人"无比诚实"，并且坚定地蜷缩在一个信念中——我们一直被真相围绕。

诚然，我们听到的任何一句话，都有可能包含着一些虚假信息，但如果我们时刻准备着迎接谎言，那么长此以往，将造成人与人之间极端的不信任感，从而使任何形式的相处都变得困难重重。因此，就像吃得太多时，消化球菌能很好地帮助我们消化一样，生活中偶尔出现难以"消化"的问题时，谎言发挥了巨大的作用。尽管谎言具有潜在的威胁性，但我们已然与之"互利共生"。

不过，就像大肠杆菌只能在暗处工作一样，谎言虽然"神通广大"，但也绝对不能大肆宣扬。同时，我们也很清楚，如果人体被细菌完全掌控，那将是一件十分危险的事，甚至会威胁到生命。

2.暗藏危机的真相

没有人可以为自己提出占有全部真相的要求，否则，他将难以与人相处。

——［德国］理查德·冯·魏茨扎克

真相就像珍珠一样宝贵，但出现得不合时宜，也有可能成为一场灾难。

一个男人很爱他的妻子和两个孩子。一次，他们公司的人一起出游，那个男人酒后和一位女同事发生了关系，事后两人都把这件事归咎于酒精。但这个男人始终摆脱不了沉重的内疚感，最终向妻子坦白了一切。妻子承受不住这种"欺骗"，带着孩子离开了他。而在这之前，一家人感情很好，生活很美满。"我宁愿什么都不知道！"妻子说。

没人可以使时间倒转，碎了的镜子再也不可能完好如初。一次冒失的坦白，让孩子失去了家，让夫妻彻底决裂。

一个真相，持久地伤害了四个人。

妮可在街边的咖啡店里。她看到一个男人暧昧地抱着一个女人消失在对面的酒店。她认识那个男人，是朋友罗琳的丈夫，但那个女人却不是罗琳。妮可脑海里立刻蹦出一个词：外遇！几天后，妮可向另一位朋友打听罗琳的近况，那个朋友说："她还是老样子，日子过得挺不错。"妮可感觉到自己已经进入了雷区——要不要告诉罗琳真相？

或者至少给她一点儿暗示？或者找那个男人谈谈，假装无意地提起当时的场景？

　　妮可知道必须谨慎地处理此事，因为即便是出于好意的揭露，也有可能让愤怒和怀疑升级，从而造成难以挽回的局面。因此，她假装漫不经心地和罗琳说："我的一个朋友最近遇到了一件麻烦事，她发现问我怎么办……"罗琳听完妮可改编的故事后，认真地说："如果是我，我宁可什么都不知道。"于是，罗琳知道该怎么做了。

　　在高中毕业 20 周年的聚会上，艾达得知丈夫在 15 年前曾与别的女人发生过关系——那时他们已经结婚。艾达决定不计较这些陈年旧事，尽管她内心仍有波动。她安慰自己，当初与丈夫是奉子成婚，而且当时两人的关系也不像现在这么稳定，就算出现一些"意外"也是可以理解的。

　　不是每个人都有勇气下这样的决心。许多人在得知一件令自己受伤的旧事时，会感到非常伤心，好像那件事是刚刚发生的一样。

　　激烈的情感永远都带着尖锐的刺藏在人们心中，一旦被激发，就会不断增强。对此，有的人选择压制，有的人则选择付诸行动。如果换作是你，会对这件事寻根究底吗？你真的想清楚明白地了解这些？如果你确认了这就是事实，你又会怎么做呢？

　　在某些情况下，一次揭露会破坏一段感情，尽管多年以前的那件事对现在一丁点儿影响也没有。因此，很多时候，我们并不愿意知道太多即使过去很久的谎言，毕竟，我们无法确知灵魂能接受多久以前的欺骗。

　　即使不是陈年旧事，我们也很难确定自己是否真的希望知道真相尤其是在一些存在重大冲突的事件中。

请你生动地想象以下情景，并好好思考，直到你确定该如何选择——是"我想要知道"，还是"我并不想知道"。

- 一个非常好的朋友背叛了你。
- 你的寿命只剩下 n 天了。
- 你的伴侣选择你，只是因为你有足够多的钱。
- 你把幼小的孩子捧在手心里疼，然而他的父亲不是你。
- 你不是父母亲生的。
- 你正兴致勃勃地试穿婚纱，未婚夫却在和另一个女人度假。

当心理压力过大时，我们的心理机制会自动选择屏蔽某些伤痛。一项研究证实，当人们不注视令人痛苦或恐慌的现场时，就能够减轻内心的痛苦感和恐慌感。这就是为什么有些人不忍去看重伤者或死人，而有些人不敢看打针（我们在上一章也提到过）。

这种心理机制也适用于前面所说的情况。**很多人刻意淡忘会给自己带来伤痛的事，甚至竭力避免提起与之相关的话题。总之，不管我们是否已经知道真相，我们都不愿意再提、再听。可见，真相并不总是受欢迎的。**

3.真相真有那么重要吗

一个人不需要赞成所有的事，但必须能宽宥他人。

——［德国］托马斯·尼德霍于特

在下面的场景中，几乎每个人都会选择沉默。

● 一位要好的朋友 A 当着你的面，竭力推荐一款价格过高的珠宝给你的另一个朋友 B，还非常热情地说："真的，不骗你，这个价已经非常便宜了！"你会掺和进来吗？

● 朋友倒车时碰坏了邻居的篱笆，恰好那个邻居非常令人讨厌。你会怎么处理这件事？如果邻居问你，你会怎么说？

● 你的母亲拿出一袋巧克力和她的朋友们分享，并热情地说："这是我女儿旅游时特地为我买的。"而事实上，那是她自己去意大利时掏钱买的，你会揭穿这个谎言吗？

我们不愿意让某个和自己关系亲密的人丢脸，所以为说谎者打掩护，从而使自己成为谎言的"帮凶"。但我们认为，这是值得的，因为和真相比起来，友情和亲情显然更重要。

事实上，很多时候，只要结果是好的，真相究竟如何，也许根本不重要！

朱迪的丈夫阿尔弗雷德去世了，她去了以前和丈夫一起度假的房子里。那些老邻居们不明真相，前来拜访，朱迪很客气地告诉他们："好的，我一定向阿尔弗雷德转达您的问候。"一个十几年没见面的老朋友来访，她解释说："阿尔弗雷德刚巧外出了，真是不好意思，他有些要紧的事情要办。"

全都是朱迪的谎言！一个月后，朱迪离开了，邻居们跟她笑着挥手告别。不久，邻居们得知了真相，但善良的人们没有对朱迪的欺骗耿耿于怀，因为和朱迪的悲伤、友好、坚强相比，真相实在微不足道。更何况，没有人因为朱迪的这个谎言遭受任何损失。

很多浪漫的故事都源自谎言。雷姆和艾瑞娜结婚50多年了，他们一直恩爱如初，然而谁能相信，他们第一次约会时，两人都说了谎。

他们是在一个派对上认识的。那时，艾瑞娜年轻漂亮、光芒四射，追求者众多，而雷姆却很普通。所以，当雷姆在派对结束后邀请艾瑞娜去喝咖啡时，艾瑞娜有些诧异，也不是很情愿。不过，当时不少朋友都看到了这一幕，如果拒绝，会令雷姆很难堪。因此，出于礼貌，艾瑞娜笑着答应了："乐意奉陪。"但她在心里却想："正好找个地方休息一下，晚点儿再找个借口离开就行了。"

两人在咖啡馆坐下后，一时找不到话题，气氛很尴尬。雷姆突然对服务员说："请给我拿点儿盐，我喝咖啡喜欢加盐。"

艾瑞娜和服务员都愣住了，雷姆有些难为情地解释道："我很小的时候，和祖父一起住在海边。我是泡着海水长大的，海水灌进嘴里，又涩又咸。每天午后，祖父都会泡一杯咖啡，我也会喝上一口，总觉得是咸的。后来祖父去世了，我回到了父母身边，但养成了喝咖啡加盐的习惯。每次喝着加盐的咖啡，我就会觉得离祖父和故乡近些。"

艾瑞娜突然心有所动，她第一次听男人说想亲人和想家。她也开始讲起自己的祖父母，以及一些小时候生活在农场中的趣事。

之后，他们开始频繁地约会。每次去喝咖啡，艾瑞娜都会向服务员要盐。再之后，他们就像童话中的公主和王子一样，"从此过着幸福的生活"。

雷姆是个值得托付的男人，他性格好、体贴、顾家。艾瑞娜每每回忆起第一次约会的情景，就会暗暗庆幸："要不是当时出于礼貌而撒了个小谎，说不定就错过了。"

几年前，雷姆去世了。艾瑞娜在丈夫的遗物中发现了一封写给自己的信：

亲爱的，原谅我一直都在欺骗你。

还记得第一次喝咖啡的情景吗？当时太压抑，我很害怕你起身离开，于是向服务员要了盐。天知道我是怎么想的！可是，既然已经说出口，我也只好硬着头皮喝下去了，只是没想到，一喝就是这么多年。你恐怕难以想象，那味道有多怪！其实，我不止一次想要告诉你，我喝咖啡不加盐，可我怕你生气，怕你离开我。现在，我行将就木，忽然不害怕了。我知道，你会原谅我的，对吗？

亲爱的，你是上帝给我的最大的恩赐。我永远爱你。

艾瑞娜看完信，顿时感觉自己被骗了。但她很快泪流满面，看着丈夫的遗像说："你不知道我此时此刻有多么开心，有人为了我，竟然将一个美妙的谎言持续了半个世纪！我也永远爱你。"

明明是一个天大的谎言，但最后却成了浪漫的爱情故事！很明显，对艾瑞娜而言，重要的不是真相，而是谎言掩护下的美好。谎言经过包装，掩饰了其中不好的成分，掺入了善意、同情，从而变得可以接受。

我们也可以假设一下，如果雷姆和艾瑞娜的婚姻不完美，那么这个谎言很有可能就会被视为破坏婚姻的一个因子，从而被无限放大。不过，这只是毫无意义的假设，因为事实是他们幸福地生活了50多年。在美好的结局面前，真相唯一的作用是进一步证明了雷姆对艾瑞娜的爱。

还有很多时候，纠结于真相是毫无意义的。玛利亚不小心弄坏了一只贵重的花瓶，她打电话给保险公司说："我的花瓶被狗撞到了，缺了个口……"在这件事上，肇事者究竟是人还是狗并不重要，因为保险公司都会提供赔偿。

4.父母和孩子的谎言游戏

教给你的孩子真相，但也要让他们准备好面对一个充满谎言的世界。

——[德国]维尔纳·米彻

大人说谎，小孩学说谎

如果我们总是调皮捣蛋，圣诞老人就会把我们的名字写进他那个金光灿灿的大本子，在圣诞节来临的时候，不给我们送礼物！圣诞老人只会帮好孩子实现愿望，会悄悄地把礼物放在圣诞树下。

幼小的我们曾对此深信不疑，并且真的以为，如果不够乖，就会被白鹤[1]带走。随着年龄的增长，我们终于发现，圣诞老人、复活节兔子、子虚乌有的白鹤，其实都是无稽之谈。

大人们一边抵制谎言，一边又在不断地说谎，所以，我们也不必过于较真！于是，我们开始尝试做一些"坏孩子"才做的事，偷偷地喝酒、吸烟、和小伙伴们去森林里探险……在和大人玩牌时，我们也经常很快就能发现大人的意图，但我们假装不知道是大人故意让自己赢的，不动声色地接受了这种"放水"。有时，我们还能出其不意，

---

[1] 白鹤：此处是指德国民间故事《白鹤的故事》中的主人公。

给大人一些措手不及的意外。当然，为了不被逮到，我们会很小心地掩盖说谎的痕迹，以保护我们幼小的自尊心。

如果去问大人："为什么对孩子说谎？"大部分父母都会说："这是成长必经的阶段，因为孩子们还无法理解真相，更无法应付真相。"多么苍白的借口！不过，父母还是很"负责"地向我们展示了什么时候说谎、应该怎样说谎。

● "老师要是问你去哪里了，就说你生病了，这样我们就能在度假村待到假期结束那天，而且也不会赶上堵车高峰了。"

● "要是奶奶打电话来，就说我们去不了她那儿了，因为爸爸还得工作！千万不要告诉她，我们是因为要出去玩才不去看她的。那样的话，她会很生气，我们也会很麻烦。"

● "不要让爸爸知道你的新滑雪板很贵，如果他问起来，就说是趁打折的时候买的。"

● "去看看是谁在敲门，如果是那个讨厌的黑大个叔叔，就说妈妈不在家，听到了没有？"

当我们还是孩子的时候，就已经对这些谎言见怪不怪了。起初，我们会坚持"小孩子不可以说谎"的教导，但当真相引起的麻烦接踵而至时，我们终于意识到：大人是对的！

因此，对于谎言的这种双重标准，孩子们总是学得特别快。

父母要求 11 岁的儿子一放学就必须回家。可有一天，儿子回来得特别晚，他解释说："脚踏车没有气了，我不得不推着走回来。"

事实上，他跟小伙伴们踢了一场足球赛，直到离家不远才刻意放掉了轮胎里的气。矛盾很清楚："踢足球"对"放学立刻回家的规定"。孩子解决矛盾的方法就是说谎，他觉得为了不跟父母的权威起冲突，这种情况下说谎是"有必要"的。

在一次非常重要的英语考试中，蒂姆发现有几个做错的地方用蓝笔细致地修改过，从而使得成绩有了"合理的提升"。那一年不少学生因为糟糕的英语成绩而留级。蒂姆拿到成绩单时很意外，他只知道父母找过老师，至于说了什么、做了什么，他就不清楚了。当他去问父母时，父母小声"警告"他："我们去找过老师的事，对任何人都不要说！"蒂姆立刻明白是怎么回事了。

谎言、责任、成长

心理学家们一致认为，对于孩子说的不符合事实的话，不能用"谎言"这个词来界定。法国儿童精神科医生莫里斯·伯杰（Maurice Berger）说："只有在一个前提下，我们才能说孩子在说谎，那就是孩子已经能够区分现实和愿望之间的差异，并能意识到自己告诉别人的不是真的。"

如果归纳一下，我们会发现，孩子们说谎大多是为了保护自己，捍卫自己的利益。首先，说谎可以用来维系对孩子来说最重要的东西，即父母或其他人的爱。丹尼尔·德洛认为："儿童需要在自己的父母面前显得有价值。事实上，孩子常通过说谎，来满足成人对其的期待，这是一种取悦大人的表现。"其次，孩子们的有些谎话是为了逃避惩罚。9岁的安娜一直笨拙地模仿母亲的签名，因为这个可怜的孩子不敢让母亲看到自己糟糕的成绩。

孩子们随着年龄的增长，责任感也会渐渐增强。当他们开始意识到必须对自己的生活承担责任时，往往会通过说谎来获取自主权，这几乎是成长过程中不可缺少的经历。

四个 15 岁的小伙伴想在没有监护的情况下坐车去柏林，他们使用的"花招"简单而有效——每个孩子都对自己的父母说别的父母都已经同意了。孩子们不想住青年旅社，因为他们觉得真正的旅行应该住宾馆。于是，他们说服其中一个小伙伴的阿姨做担保人，从而顺利住进了一家宾馆。他们给那位阿姨的说辞也很简单——"我们的爸爸妈妈也觉得青年旅社关门太早，不是很方便。"就这样，四个小伙伴成功地骗取了自由，开始了从未有过的冒险。当然，这对孩子们来说是件好事，因为他们正在用这种方式承担对生活的责任。

孩子的"良苦用心"

关于孩子们的谎言，儿童精神科医生丹尼尔·巴伊（Daniel Bailly）说："说谎是孩子成长进程中的一部分。通过谎言，孩子们对自己和大人之间的关系进行了实验。所以，让孩子体验到说谎的后果，在孩子的成长过程中是有必要的。"

如果谎话说过了头，可能会让孩子们偏离正常的发展轨道。有的孩子从小爱说大话，为自己能够编造出离奇的故事而沾沾自喜，甚至因此困在自己的大话里，其结果是与现实脱节。

法国姑娘弗吉尼亚就被自己的谎言困了多年。14 岁那年，她告诉一个男同学，说她父亲强暴过她。这个谎言不胫而走，最后传到了警察局。大家都相信她的话，结果，她的父亲被判了 12 年的有期徒刑。她没有勇气说出真相，直到 2006 年，才在《我一直在说谎》这本书里承认："事情不是那样的。""起初这只是信口胡诌的，没想到却传开了。"

这是个很残酷的例子，对于达到这种严重程度的谎言，或者严重程度较低但一再重复的谎言，我们一定要小心：这类谎言不是凭空产生的。

巴伊认为，有时候孩子说谎是父母引起的 ——"孩子如果担心什么事情会让父母离开自己，就会焦虑不安，用说谎来维持跟父母的关系。有些孩子不说谎，是因为他们对自己跟父母的关系很有信心。"

换句话说，**孩子的谎言背后，往往是对爱的渴求**。然而，大部分成年人不明白孩子的"良苦用心"，只是觉得孩子辜负了自己的期望和教育，因而暴跳如雷。但是，孩子常常无法理解自己为什么要受到惩罚，因为他们不觉得自己做错了什么。

匈牙利心理学家桑多尔·费伦齐（Sandor Ferenczi）认为，首先，大人应该明确地告诉孩子："我知道你为什么说谎，因为你想让我高兴。"其次，大人必须向孩子解释："惩罚你，是因为你的方法不对。"只有这样，孩子才能意识到，说谎并不是解决问题的最佳方式。

5.诱人的是谎言，还是商品

真相让我们紧紧抓住谎言，谎言让我们不敢看清真相。

——[德国]亨利克·M·卜厚达

我们为什么购买谎言

一个赛马经纪人说："只要听了我的建议，您就会变得有钱。"你会相信吗？——"绝对不会！"

但为什么我们会相信一个银行职员给出的高风险的投资建议呢？因为他坐在一个雅致的办公室里，而那个办公室在一座漂亮的大楼里？或者因为我们没有足够的知识储备，只能人云亦云？

为什么有成千上万的人在电视购物频道订购一些自己也觉得毫无用处的东西？因为被广告演员美妙的声音、真挚的表情以及巧妙的介绍所打动？或者因为代言者是我们很喜欢的一位明星？或者仅仅因为这是在电视上播出的，我们就愿意相信并且尝试？

只要使用某款产品就能"焕发青春""永葆美丽""提升品位""健康安全"，甚至"返老还童"？期待自己购买的产品会像广告所承诺的那样立竿见影？别傻了！然而现实是，尽管没有人相信防皱霜、青春维生素真的能防止变老，但各种抗老产品仍然销售一空。

逛完街回家，女儿问我："尽管我不是太喜欢那条裤子，但还是差点儿被那个售货员说动，她是怎么做到的？"

面对那些对我们微笑的人，我们很难不把他们当朋友，并不由自主地回以微笑。只要之前没有过不愉快的经历，我们会由衷地相信，在我们面前的是一个非常友善的人，尽管这种评价通常是不符合事实的——对顾客友好并不是售货员的工作，他们的工作只是卖出商品。对于这一点，我们都很清楚，但仍愿意去相信这个"微笑的谎言"。

销售员大多是经过培训的，他们知道如何在最短的时间内对顾客进行分类，找出哪些人对技术方面的细节更感兴趣、哪些人更注重设计方面的因素、哪些人更看重实用性、哪些人能够接受某一价位的商品、哪些人只是随便逛逛，等等。

一些汽车制造商甚至把人们对噪声的敏感度也列入训练项目，要求销售员能够利用汽车的关门声来诱惑顾客买车。这个细节很重要，尽管可能连顾客自己都没有意识到。当销售员向你展示一款新车时，你可以留意一下，他是否也利用了关门声来诱惑你。

另外，研究表明，在聊天的过程中模仿对方的语气、声调、姿势——不管是有意的还是无意的——更容易使对方对自己产生亲近感。很多销售员就是利用高超的谈话技术，让我们不知不觉跟着他们的思维去接受商品，继而掏钱。

我们购买健康、安全、美味、年轻、迷人的外表、好心情、整洁、生活的乐趣……

但实际上，并不是每一次购买都让我们心满意足。在销售员的煽动下，很多人都买过"失败"的东西，但那又如何呢？我们一边生气地骂着"骗子"，一边继续被其他"骗子"诱惑着。

神奇的感官骗局

心理学上认为，刺激和反应存在于感觉阈限[1]之下，而气味可以从感觉阈下影响一个人的意愿和行为，当我们的鼻子给大脑传送一个愉悦的信号时，我们的购物欲就会上升。

牛津大学的心理学家们曾进行过一个实验，组织者让实验参与者吸入可辨认的不同的气味，然后通过仪器扫描参与者的脑部，记录不同的气味引起的大脑反应。结果显示，人们会把气味与特定的经验或物品联想起来。

很多相关的研究也都表明，在我们的大脑中，负责处理嗅觉的神经和主管情绪控制的中枢神经是紧密相连的，也就是说，气味会强烈影响我们的情绪。根据这个原理，一种新的营销方式应运而生，我们称之为"气味营销"（Fragrance Marketing）。

英国高档衬衫零售商托马斯·彼克耐心地研制出了一种个性化的气味，他在纽约、旧金山、波士顿和圣弗朗西斯科的店里放置了传味器。当顾客经过时，传味器就会散发出一种新鲜的、经过清洗的棉花的气味，这种气味享受让人们迅速产生了价值联想。

---

[1] 阈限 (the threshold of awareness): 心理学名词，指外界引起有机体感觉的最小刺激量。这个定义揭示了人的感觉系统的一种特性，那就是只有刺激达到一定量的时候才会引起感觉。"阈下"即"低于阈限"，由此引起的反应称为"阈下知觉"。

新加坡的嘉华电影院安装了散发香味的装置，在影片《查理和巧克力工厂》放映时，放映厅里弥漫着浓郁的巧克力的香气。结果，很多观众都选择到嘉华电影院来看这部电影，而更重要的是，许多人看完电影后立即产生了吃巧克力的冲动。

很多商场的入口处都有面包、香水、鲜花的气味。如今，各种各样的空气清新剂也发挥了巨大的作用。

我们很难发觉，其实很多时候，自己首先是被气味吸引，然后才产生购买欲的，这就是为什么我们经常会买一堆"没用"的东西回家。这就像经过美味的餐馆时，里面飘出牛排的香味，于是刚才还不饿的肚子立马发出"我饿了"的信号，同时，唾液也为这一信号提供了证明。然而，等我们津津有味地吃完整块牛排，才悲剧地发现吃撑了。

对此，聪明而有效的做法是：**在出门之前列好购物单，严格按照购物单来选购**。这样能帮助我们抵制各种有形或无形的诱惑。

你为什么瘦不下来

我们来谈谈减肥吧，相信很多人对这个话题都很感兴趣。

据调查，20 世纪 80 年代，美国的肥胖人数比例是 15%，而到了 2003 年，这一数据提高到了 34%。医生、心理学家、科学家都已经向我们证明，肥胖会带来许多疾病，因此，很多人都立志减肥，然而结局很残酷——成功的概率非常低。

究竟是什么阻碍了我们瘦下来呢？

早在 20 世纪 60 年代，一位名叫斯坦利·沙克特的心理学家就对此提出了自己的理论。他认为，指导我们吃饭的信号有两种：一种是内在的，即由身体发出的"饿了"的信号；一种是外在的，即受到外界影响而产生的信号。

当听到胃"咕咕"叫时，我们知道该去吃点儿东西了，等吃饱喝足了，身体又会发出"我吃不下了"的信号，于是我们会离开餐桌。但是，在不饿的时候，我们也会产生吃东西的冲动。就像前文中提到的那样，仅仅因为闻到了食物的香味，就产生了食欲。或者，我们走过一家面包店，光是看着橱窗里的各色面包，就会垂涎三尺。这就是"外在信号"在发挥着作用。

沙克特指出，在吃饭这件事上，每个人都受到"内在信号"和"外在信号"的影响。但是，有些人更倾向于聆听身体自身的声音，能很好地抵制"外在信号"的诱惑。而有些人却很难摆脱"外在信号"的控制，更不要说在身体真正饿了的时候，这就使得他们更容易摄入过多的食物和营养，从而导致肥胖。

你属于哪一类？

沙克特的理论为食品店、餐饮业提供了策略上的指导。五花八门的包装、琳琅满目的货架就是为了把顾客的注意力从"内在信号"上引开。很多餐厅越来越注重营造气氛，其实就是利用灯光、音乐等手段让客人暂时忘记"内在信号"。

不过，这个理论也为我们减肥提供了帮助。面对美味的食物，先问问自己："我真的饿了吗？""我的身体真的需要补给吗？"吃饭时，不要专注于食物的美味，而要把注意力放在胃上，时刻感受胃的变化。另外，尽量少去看那些令人心动的图片，也不要去逛零食区。

6.亲社会的谎言

不会宽容别人的人，不配受到别人的宽容。

——［俄国］屠格涅夫

要麻烦还是要谎言

在史前时期，我们的祖先就开始捕猎一些在体力上远远超过自己的大型动物。他们能够成功，是因为他们勇敢而狡猾，懂得使用欺骗术。我们有理由相信，人类的欺骗能力对捕猎成功是至关重要的。

在美国，如果遭到暴力袭击，你应该喊"失火了"，而不是"救命"，因为人们更有可能去追逐轰动的新闻，而不是去帮助一个受害者。因此，"失火了"是一个迫不得已的、但极有帮助的谎言。

诚然，在我们的社会里，说谎者常被贴上"麻风病"的标签，被周围人藐视和排斥，但为了更美好的生活而利用一些小谎，却是被大众所接受的（关于这一点，我们已经举了很多例子来证明）。我们可以称之为"亲社会的谎言"。

在一家酒馆，一个怪脾气的家伙嚷道："这里不准玩手机！"那个正在打电话的人答道："哦，好的，我知道了，不过我没有在玩，我是在打电话。"那个激动的批评者一时找不到掷地有声的话予以回击，气冲冲地离开了。

一个上了年纪的但热爱运动的女人在露天泳池穿着脚蹼游泳。尽管她没有给任何人造成麻烦，但游泳池管理员还是要求她把脚蹼脱下来。"我马上就好！"她回答道，然后继续自由自在地在她的泳道里游。半小时后她从水里出来时，仍然穿着脚蹼。管理员这才发觉，那个女人嘴上说得好听，却用实际行动回了他一句"就不脱"。不过，事情已经过去了，他也没有必要去追究，再说，那个游泳池并没有"禁止穿脚蹼游泳"的规定。

在这两个例子中，面对无理取闹的人（怪脾气的家伙和游泳池管理员），狡猾的表演者（打电话的人和游泳的女人）都假装自己明白对方的意思，并表现出一副赞同的样子，同时用实际行动告诉对方："你说你的，我做我的！"但要是这么说，无论是打电话还是游泳，恐怕都不得不中止，因为他们会被卷入一场不愉快的争论中。

类似的事情在我们的日常生活中并不少见，遇到胡搅蛮缠的人，如果不懂得虚与委蛇，适当地使用一下亲社会的谎言，不仅会浪费宝贵的时间，也会破坏享受眼前的一切的心情。

预言还是谎言

有个小伙子去散步，走着走着，他有感而发，想把当时的心情记下来，可是一摸包才发现自己的本子不见了。小伙子焦急地顺着原路往回找，最后在一位老太太那里找到了自己的本子。他走上前，有礼貌地说道："这个本子是我丢的，您能还给我吗？"

"哦，是吗？里面都是什么呀？"

小伙子不好意思地说："是我写的一些文章。"

老太太笑了，把本子还给小伙子说："我刚才看了几篇，写得真不错。知道吗？我能预测别人的未来，你一定会成为一个作家。"

一开始，小伙子并没有把这句话放在心上。他家境贫寒，早点儿参加工作挣钱养家才是最重要的，而且，他觉得自己没有那个天赋。

所以，中学毕业后，小伙子就开始四处找工作。他做过酒店招待员、推销员、修理工、文员，可是运气总不好，不是被辞退，就是公司倒闭。就在他沮丧之际，老太太的"预言"浮现在他脑海中。

小伙子回顾了自己的工作经历，最后决定从事文学创作。"也许我真的只能当作家。"

事实上，小伙子一直都很喜欢写东西，下定决心后，更是全身心地投入到了创作中。每当遇到瓶颈，他就会想起老太太的"预言"，那个"预言"给他带来了无穷尽的动力。

终于，小伙子写出了很多篇幅宏大、气势磅礴的作品，成了19世纪英国最受欢迎的作家。老太太的"预言"成了现实！这个小伙子，就是享誉世界的狄更斯。

至于那个和蔼的老太太和那个神秘的"预言"，我们来听听她的女儿怎么说："哦，不可能，我母亲根本不识字！"

真相大白！一个谎言，成就了一个伟大的作家。

宽容地对待谎言

总的来说，我们对待谎言是相当宽容的；就算被逮住了，我们也总能找出一个善意的动机，成功地获得谅解。

　　一项调查显示，对易贝网[1]的消费者来说，相较于收到金钱补偿，收到一封言辞恳切的道歉信更容易让他们删除差评。而且，事实也告诉我们，即使一个谎言被识破，也不一定会引起信任危机。

　　修车铺的人通知艾维拉，他们的店里遭了贼，艾维拉刚送去修理的车被剪断了线缆。艾维拉仔细观察了线缆后，对老板说："这不可能是小偷弄断的，否则断口不会这么整齐。"

　　老板也开始怀疑，最后，自知理屈的修车师傅坦白了一切——是他的不小心剪断的。他向艾维拉道了歉，老板笑着耸耸肩说："再给他一次机会吧。"当然，艾维拉也不认为这种事值得大做文章，还称赞那位师傅承认错误的勇气。

　　不过，有一种心理值得玩味——当说谎被意外逮到时，很多人都会请求原谅，并且发誓："只此一次，下不为例！"但他们心里却另有打算："这次疏忽了，以后可要说得更安全、更巧妙一点儿才行。"

　　这种人绝对不在少数！因此，就算我们能够原谅对我们说谎的人，内心也已经设了防线：要保持清醒，被逮到过的说谎者，仍有可能继续说谎。这也是为什么我们一直强调不能把谎言当作主食的最主要的原因。

---

　　[1]　易贝网（eBay）：目前全球最大的在线交易平台，大约拥有3.8亿海外买家，用户遍布全球150多个国家和地区。

7.究竟为什么相信谎言

世界希望被骗，所以它被骗了。

——［德国］斯蒂安·弗兰克

魔幻的想法

很多人都相信，有人确实能够利用超自然力量移动桌子。你很难说服这些对魔法深信不疑的人，根本原因就是他们对现代自然科学不了解、不理解，或者不信任，从而愿意相信"魔法的力量"。

孩子们也有着"魔幻的想法"。他们会虚构出一些不存在的原因，从而为自己无法理解的事物找到解释。比如，当一个5岁的孩子撞到椅子时，他会说："椅子是坏人！"看到雷电交加，他觉得是"亲爱的上帝在骂人"，而当太阳下山，他则会说："太阳回家睡觉了。"

或许有人会笑孩子们幼稚，但是别忘了，在几百年前，我们的祖先对自然现象的解释，绝对可以与孩子们的想象"媲美"。甚至时至今日，仍有些未开化的民族保留着"传统"，把活人当成祭品去安慰发怒的神，或者对"不祥"的人实行火刑。

就在前两年，有人为了祈求庄稼丰收，竟然残忍地杀害了一名7岁的女孩，并割下她的肝脏祭献"神灵"！这是一个发生在印度的悲剧，我们在痛惜的同时，也对作案者的愚昧感到震惊。我们都知道，自然科学已经推翻了"神灵"的存在。

但有一个问题：我们为什么相信自然科学的解释呢？

自然科学及其对事物的解释是新时代的产物，我们对其细节知之甚少。但是，就像几百年前的人们对"神灵"不甚了解、却仍选择相信一样，我们也普遍接受了自然科学。如若不然，我们就只能陷入无止境的、可怕的怀疑中。

从另一颗星球来的观察者会认为，我们的宗教创世学说是"相当魔幻的想法"，然而谁也无法阻止其在世界范围内传播，因为就是有人愿意相信。

精神上的迷信可以帮助我们逃离乏味的日常生活，可以使我们幻想借助超自然的力量改变命运。就算我们不相信这个谎言，也不表示不相信那个谎言。用最简单的话来说，我们之所以会相信各种各样的谎言，就是因为我们愿意相信。

善待抱怨者

在基督教的教育下长大的人从小就知道一条重要的准则：学会忍耐，不要抱怨。不过，在现实生活中，我们会发现，"抱怨"似乎比"忍耐"更能带来好处。例如，在很多情况下，适当的抱怨能为我们带来一些同情与理解，让我们的身心得到放松。

"今天工作好累啊！"

"我都连续好几天没睡好觉了。"

"哎，我的偏头痛又犯了，只能歪在床上。"

很多抱怨都有夸张的成分，甚至只是信口开河，但这不影响他人来关心我们。比起直接说"我现在什么也不想干""我感到很心烦""让我看看你有多爱我"，抱怨更能得到别人的温情与善待。我们也不会每次都刻意去揭穿其中的不实成分，因为善待抱怨让我们更有人情味儿。

愿世界更和谐

人类始终在寻求和谐。几百万年前，我们就依赖社会关系网，自然而然地把合作和友好作为我们这个物种的纽带。因此，"寻求和谐"是一种源于基因的"程序"。它让我们友善地——或者说——有点儿不加批判地和那些与我们有联系的人相处。

信任会促进彼此的关系，而怀疑则会使关系变得疏远。所以，我们尽量避免与那些和自己有着社会关系的群体发生争端。

我们生活在一个相亲相爱的世界中——这个信念让我们感到幸福，但同时，也给了我们说谎和相信谎言的机会。

这就是为什么我们明知道很多话是假的、很多人不可信、很多现象也都不是真实的，却仍会丧失判断、身陷谎言。

第 5 章

为什么会说谎的人混得更好

要是你做了狮子，狐狸会来欺骗你。

——［英国］莎士比亚

本章导读

帕德博恩[1]的一场礼拜朗读会上，当谈及个人能力时，一位勇气可嘉的女士大声而清楚地承认："我对说谎很在行！"

就在那一瞬间，这个主教城市仿佛整体陷入了尴尬的寂静中。观众中只有一声微弱的回应："我会让我的孩子戒掉它。"

如果真是这样，那我们不禁要扼腕叹息，因为说谎是社交能力的重要体现，而坦白自己擅长说谎，无疑是一种应该被人欣然接受的行为。

对此观点不屑一顾的人们，你希望交给孩子一些重要的社交技巧吗？你愿意让孩子与"绝不说谎"这个谎言一起成长吗？

说谎是种要求甚高的行为，说谎需要相当复杂的反复斟酌，好的记忆力、创造力和对现实准确独到的洞察力。如果根据可能性捏造某种说法，而且要使其经得住考验，那就必须缩短思考的时间，因为时间越久，说谎就越不自然。这需要多么惊人的速度和能力！

在风云变幻的社会中，一个完全不会说谎的人，注定不会成功。当然，这样的人几乎不存在，就算再老实本分的人，也一定会有言不由衷或者遮遮掩掩的时候。

善意的谎言是交际矛盾中不可或缺的缓冲器，我们知道，一个亲

---

[1] 帕德博恩（Paderborn）：德国北莱茵威斯特法伦州的城市，帕德博恩县的首府，自 1929 年以来就是红衣主教的所在地。

社会的谎言要比无意义的冲突好得多。

　　当我们承认自己愿意说谎，那么，我们觉察谎言的能力就会发生变化。当我们预料到自己要说谎时，对别人的谎言也会很敏感，并且能轻易地发现说谎者的表情或声调的变化。我们甚至可以在脑海中"模拟"出一个骗局，因为我们很清楚一个人说谎时会刻意修饰哪些细节。

　　当我们感到兴奋、激动，或对权力产生强烈的贪欲时，就有可能不自觉地说谎。所以，设身处地地想想他人说谎时的心情、境遇，我们就能够更透彻地理解别人，甚至感同身受。也正因为如此，我们能够更轻易地发现，伤心、高兴或紧张，其实都可以是说谎的表现。

　　大多数人很难把谎言说得自然而不着痕迹；而有的人说起谎来却能毫无负罪感，甚至是有意识的。想象一下，如果我们的谎言一眼就被人识破，大家都觉得你不靠谱，我们会怎么样？为了给别人留下良好的印象，我们需要做到"自信"地说谎。

　　从心理学上来看，真相有"经济学"价值：只要我们只说真相，就不必费心地去控制说谎的内容，或者因为圆谎而编造更复杂的谎言。这让我们省去了很多麻烦，我们不必准确地记得我们曾胡扯过什么谎言，也不必担心什么时候就被发现了，而且不需要再去控制自己的面部表情。问题是，谁能保证只说真相不会带来更大的麻烦呢？

1. 你所知道的职场谎言

阴谋诡计在职场中司空见惯，对于一些常见的骗人伎俩，老板和员工都应保持警惕。

——［英国］桑迪·曼恩

职场是谎言的温床

英国著名心理医生桑迪·曼恩认为："说谎者可能有难言之隐，或是做错了事，或是想超越别人，总之，大部分说谎者都是为了给别人一个好印象。因此，越是竞争激烈的地方，越容易滋生谎言。"也就是说，谎言和压力息息相关。而在现代社会中，压力最大、最集中的，莫过于职场，甚至可以说，职场是谎言的温床。

"老板正在开会。"

"老板今天不在公司。"

"老板刚刚出去。"

面对令人讨厌的电话，或者为了让上司有时间思考，秘书常常会这样说。如果对方够机灵、够狡猾，那么也完全可以反过来蒙骗秘书："我知道你们老板在，立刻把电话给他！"

如果上司正好在旁边，秘书还能迅速通过目光、手势来求证；但如果上司不在电话机旁，那么秘书的犹豫就印证了对方的糊弄。所以我们会发现，这种"游戏"的结果往往是比较会说谎的那个人会赢。

越来越多的人热衷于网上购物和电视购物，但下单很久了还没收到货是一件令人恼火的事。很多时候，客服非常清楚，由于一度断货，昨天才处理订单，顾客至少需要再等两天才能收到。但是面对盛怒的顾客，他们却能保持淡定——"我们前天就已经把东西发出去了，应该马上就能到了，请您注意查收。"不是他们喜欢这样对待顾客，但像这样的谎言，在销售部门或物流部门实属家常便饭。

你是想问是否还有其他选择？要是客服诚实地坦白："非常抱歉！全怪我们工作太粗心！"那么，顾客就会认为"这个公司真不靠谱"。一个巧妙的谎言，成功地让效率低下的快递或邮局背了黑锅，维护了公司信誉和形象。

对于这种谎言，大家都心知肚明，也不会去刻意批判。在商业中，有时候开诚布公反而会造成严重的损失。人们不厌其烦地使用这种大家都习以为常的谎言，直到失去效果，才会换一种策略——也许只是换一种说谎的方式。

职场人为什么说谎

我们在职场中说谎，主要目的不外乎两个——保护自己和得到利益。

当我们做错了事，想到有可能因此丢掉工作、扣掉奖金，或者失去同盟者，就会用说谎来掩盖真相；当我们想要得到某些支持、机会，也会说好听的话，甚至许下"空头诺言"。当然，我们不认为这是可耻的，否则休想在职场上继续混！我们还可以对职场谎言的目的进行更细致的分析。

讨好

"你今天真漂亮！"

"你真是越来越年轻了！"

"我一直想来看你，就是抽不出时间。"

这些虚假的溢美之词，我们几乎每天都会用到，已然成了一种习惯。如果不认真反思，我们根本发觉不了，自己竟然这么会说谎！

当听到别人这么夸我们的时候，我们很清楚，这不过是廉价的赞美，很少会当真，但我们还是心照不宣地赞美着"美女"和"帅哥"。

安慰

当我们感到沮丧、失落、愤怒的时候，常常会听到诸如此类的话：

"其实你真的很棒。"

"你的努力，我们都看见了。"

"别难过了，你一直很为公司着想，下一个被提升的一定是你。"

这些安慰的谎言都是善意的，能让我们的负面情绪暂时得到舒缓，所以，我们仍会心生感谢。

自保或包庇

在职场上，为了自保而说谎，比如，某项工作出了问题，为了逃避责任、保住名声，很多人会说："交接的时候，他没有说清楚。"

或者"我一直叫凯勒别那么弄，他就是不听！"这种谎言常常会伤及无辜，甚至引起更严重的后果，因此，不是万不得已，建议谨慎使用。

因为看球赛而错过了开会时间，我们会在"对不起"之后加上一句："没想到路上会这么堵！"要好的同事有时也会替我们圆谎——"今天确实特别堵，我也差点儿迟到。"

炫耀

为了显示自己的地位、权势、修养、努力而吹嘘夸大的人并不在少数。

"那个老板？哦，我当然认识，我们以前经常一起去打高尔夫。"事实是两人只是曾在高尔夫球场有过一面之缘，连熟人都谈不上。

"为了完成这份报表，我连续三天都是凌晨才睡的。"事实是先睡到凌晨三点，然后起来工作到凌晨五点。

经典的说谎场景

在职场中，有一些很寻常但很经典的说谎场合，只需稍稍掌握一点儿技巧，也许结果就会不一样。

迟到？

"堵车了。"——过时了！就算确实被堵在路上，这个理由也很难叫人信服，除非上司也堵在同一段路上了。

比较容易得到谅解的是"厕所漏水，住在楼下的人找上门来了"，或者"孩子生病了"，或者"被锁到门外了，文件还在屋里，只好叫了警察"，或者"遛狗时，狗挣脱狗链，在路上横冲直撞"……总之，一个难以查证的借口、一个很道德的举动，往往能帮助我们把迟到的窘迫掩饰过去。

早退？

经过旷日持久的"战斗"终于预约到了医生，这是个好借口，不过还有更聪明的谎言。

鲍勃和女友约了下午茶，于是他抱着一大堆文件，用一种"压力巨大"的语气对上司说道："我还是回家去做吧，在这儿根本无法集中精神！"上司不但没有责备，反而很欣慰。如果你也能做到这样，那么，你的说谎水平就很高了。

紧张？

在宴会、宣讲会、发布会等场合，如果感到紧张，不必刻意隐藏，坦诚地面对，甚至可以借此"矫情"一下——

"当着这么多贵宾……"

"这么激动人心的话题……"

"这么光荣的任务……"

这些看似玩笑的套话不过是奉承，不能当真，我们都知道，但却能让你紧张的心情稍稍得到放松。

沉默？

沉默是战略上最灵活的说谎方法，在职场上尤其安全、实用。

当你知道同事或者老板骗了你的时候，你会大声叫嚷着要得到真相吗？在竞争激烈的"战场"上，揭穿每一个谎言显然是不聪明的做法，因为我们无法准确把握对方是如何伪装的，也不知道他接下来会使什么绊子。所以，洞穿谎言，并且让说谎者相信他已经达到目的，这是比较聪明的选择。

当我们退守到安全的范围内并保持沉默时，说谎者就会以为自己也处于安全的范围中，从而放松对我们的警惕。即使我们决定不上当，有时也会诱惑说谎者继续说谎——不是为了接受谎言，而是为了让接下来的谎言变得多余。

2.声音是怎么骗人的

有时，人们也痛恨阿谀奉承，但只是痛恨阿谀奉承的方式而已。

——[法国]拉罗什福科

语调也会说谎

根据英国心理学家的研究，在职场中，人们聊天、打电话和发电子邮件时，有三分之一的内容都缺乏真实性；同时，说谎者担心自己的姿势、语音等信息会暴露谎言，所以害怕当面说谎，而最便于说谎的方式是电子邮件。当员工企图对老板、同事或是客户耍小花招时，首选是电子邮件，其次是打电话，最后才是面对面交流。

但是，一半以上的办公室谎言仍然是在口头交谈中发生的，因为电子邮件容易留下文字证据。而且，谎言已经渗入思维的各个角落，我们在不经意间就会说出口。

语调也是我们常用的谎言手段之一。当我们寻找"合适的语调"与人交谈、说服某人或逗乐他人时，不会笨口拙舌地说出内心的真实想法，而是会像狐狸一样狡黠而巧妙地变换表达方式，以达到自己想要的效果。谁要是能够熟练地掌握这种技巧，谁就能更好地推销自己，因为就算是糟糕的成绩、笨手笨脚的举动，通过谎言的润色，也会变得光鲜亮丽。

社会情境广泛地影响着我们的表达方式，尤其是在职场上，一个普遍模式是：尽量选择缓和的语言和语调。

用哪只耳朵听

我们很难仅根据一句话，就判断出说话者的意图。一个句子可能包含不同的意思，这是由很多因素决定的。

如果利用舒尔茨·冯·图恩的"四耳模型"理论，或许更加容易解读一句话要传递的信息。"四耳"即信息耳、关系耳、呼吁耳、自我表达耳。

例如："昨天很晚才睡？"

对于这句很普通的话，动用不同的"耳朵"，我们就能进行完全不同的解读。

如果只用信息耳，那么，我们听到的是一个没有任何感情色彩的问题——昨天是不是很晚睡？回答是"是"或"不是"，顶多加一句"十点就睡了"或"三点才睡"。

如果只用关系耳，那么，我们会留心说话者的态度——他是针对"我"的。我们会从"我"的角度去分析，并做出回答："你直接说我看起来很憔悴不就好了！"

如果只用呼吁耳，那么我们会认为，说话者是在要求我们做什么，也许是建议我们喝杯咖啡，也许是让我们去休息一会儿。对此，我们会做出相应的回应："我该喝杯咖啡，或者去补一觉，那样能精神一些。"

如果只用自我表达耳，那么，我们会觉得说话者是在传达他自己的一些状态。我们或许会从他的话中听出愤怒，相应地，我们会问道："你今天遇到什么烦心事了？"

同样是这句话，在不同的情境下，会有不同的深意。

如果是最好的朋友这么问，大部分人都会很高兴，然后兴高采烈地分享昨天发生的事情。但如果是一个阴险的女同事在小组会议中提出这个问题，那她绝不是想知道你是几点睡的，也不是真的关心你。她的目的是公开谴责你萎靡不振，企图激怒你。如果你怒骂回去："你这张脸不就是靠着化妆品吗！"那么，她的阴谋就得逞了。所以，大多数人只对暗中的攻击进行回击，对这些摆上台面的攻击，则往往避而远之。

总之，心理机制能够根据我们的经验和注意力，帮助我们很好地分辨"关心"的多重含义。身在职场，这种辨别能力尤其重要。

带刺的话中话

我们再来讨论一种说谎的形式，到目前为止，这种形式还没有在本书中被直接讨论过，我们暂且称之为"带刺的话"。

有些人说话非常尖酸刻薄，他们的评论甚至能使某个人的形象大受损害，并且常常是有意为之的。

看到别人成功，他们会说："瞎猫碰上死耗子。"这是比较容易识别的例子。

"很显然，一个人一生中只有一次这样的成就。"如果说这话的人语调中听不出讽刺的意味，那么，听者就需要再三思索，才能明白其中隐藏的信息——"这种成功纯属偶然！"

"你今天很漂亮，一点点化妆，就能让一个人大不相同。"你能感觉到话中隐藏的信息吗？如果你能听出这句话的真正含义是"你也就靠化化妆才能好看一点儿"，那么，你就能够敏锐地捕捉到别人暗中的挑衅。同样的，"你的套装真好看，这种剪裁果然很显身材啊。"后半句话既可以是前半句话的补充，也可以是委婉地指出穿的人身材不好——只需稍稍改换一下语气——你能听出来吗？

就算不是一句话，只是一个单词，也可能含有贬低的意味。

有人把浅蓝色的跑车描述为"蓝不拉几"，通过这个形容词，我们不难听出这个人是在傲慢地贬低车主。一般情况下，人们很难从"粉红色"这个词中听出贬义，但如果用这个词来形容一件时尚的亮粉色衣服时，就带有某种下意识的否定。当精心涂抹的指甲被人说成"秘书指甲"时，贬低之意显而易见。

以上这些例子，乍看之下似乎只是文字游戏，但阈下能够感受到话中所带的刺。因此，"带刺的话中话"应当引起我们的重视。

友好的揶揄和或大或小的暗中攻击有着本质的区别，想在这个复杂的社会站稳脚跟，必须培养识别这种隐形谎言的能力。

3.异议、借口、谎言

谁讲实话，迟早会被逮到。

——［爱尔兰］奥斯卡·王尔德

异议和借口

异议是一个需要严肃对待的问题。对一个项目、一套方案、一份合同提出异议，不仅是被允许的，而且是负责任的表现。但是，很多人总会不停地寻找或者制造新的异议，以避免直接的拒绝。

瓦格纳看了路德维希提交的关于新机器的采购建议后，把这个年轻的小伙子叫到了办公室："新客户的信誉和质量都没法把握。"

路德维希说："我们可以先付一半的金额，试用三个月后再付另一半。如果机器质量不过关，我们还可以选择全额退货。"

"可是老客户显然已经听到风声了，特地打电话来说可以给我们打折，这能替公司剩下不少钱。"

"我有把握说服新客户给我们打折……"

"新客户的厂址离公司太远，搬运不方便。"

"他们会派人送到公司，并且免费安装和检测……"

"就算这样，要是新客户的机器真的出了问题，那不是既耽误了事情，又得罪了老客户吗？这将对公司造成不小的损失。所以，安全起见，这次的机器还是从老客户那里买吧，你觉得呢？"

至此，路德维希终于明白，上司的种种异议都只是借口。作为一名热血沸腾的职场新人，他不可能知道，瓦格纳之所以坚持选择老客户，最重要的原因是可以从中抽取 5% 的回扣。

针对某件事提出的异议是有限的，提出者的意图是排除问题，使事情继续下去。而借口是无穷无尽的，提出者的意图是无论如何也要阻止事情继续下去，因此，借口的本质是谎言。

我们需要学会辨别哪些是就事论事的异议、哪些是用来遮掩的借口。有一个简单快捷的方法是，就对方提出的内容，进行更细致的询问。

来看两个具体的例子，或许会更清楚。

（1）"我们结婚吧？"VS"亲爱的，我们还没有存够钱。"

对此，你可以问："那你觉得，我们攒到多少钱再结婚？"

如果对方说出了一个具体且现实的数字，那么基本可以肯定，这个想法是真心的，而非托词。如果对方又抛出一个"理由"——"除了钱，我们还需要一个更好的房子"——那就要警醒一点儿了，因为这有可能是借口。

很多借口都是"灵机一动"想出来的，经不起推敲。你可以继续问："那你想要什么样的房子呢？"如果这也是借口，那么为了掩饰，对方可能会现成瞎编，其中常常存在不切实际的理想化描述，并且，接下来还会有诸如此类的借口——"我们必须在事业上取得更大的成就。""等我们想要孩子了再结婚吧！"这个讨论会无休止地进行下去。

（2）"等拿到大订单，就给你涨工资。"

当你请求老板兑现之前给你的承诺时，如果得到这样的答复，你不妨再委婉地问问："大订单有什么样的标准呢？"如果答案是"利润在 50 万以上"或"够我们做半年"，那你涨工资的愿望是有可能实现的；如果答案是"我们还要分期偿还新机器的费用"或"等总体经济形势好些了"，那你就断了这个念想吧，涨工资的那一天已经被无限期地推后了。

一听就是借口的借口

当然，并不是所有的借口都需要细问后才能被发现，有些借口很具代表性，我们一听就知道是借口，所以也不必再多费口舌。

- 我们一直都是这么做的。
- 我们从来没这么做过。
- 我们以前已经试过了。
- 这一套在我们公司行不通。
- 好好的，干吗要改啊？
- 公司（老板）不会同意的。

- 想法是不错，但我们必须考虑经费的问题，对吧？

- 销售部（营销部或市场部）觉得这个方案行不通。

- 这不是你（我们）应该考虑的问题。

- 这样做会妨碍其他部门的工作，引起不必要的麻烦。

- 公司就是这么规定的。

- 我们不能冒这个险。

- 这个问题需要再商榷。

- 不可能。

- 先把自己（眼前）的事做好。

"没有任何借口！"

闻名全球的美国西点军校有一个久远的传统，即当军官问话时，学生的回答只有四种选择：

"报告长官，是！"

"报告长官，不是！"

"报告长官，不知道！"

"报告长官，没有任何借口！"

如果学生未能按时完成任务，当军官问"为什么"时，学生只能说："报告长官，没有任何借口！"西点军校采用这种方式是为了让学生能够适应压力，锻炼其不达目的誓不罢休的毅力和责任心。

但是，职场不是学校，也不是军队，它比任何一个单一的环境都要复杂。"没有任何借口"的工作态度是不科学的，甚至会断送我们的职业生涯。

事实上，就像没有人可以不说谎一样，也没有人能够做到"没有任何借口"。那些一味强调"没有任何借口"的人和自称严格奉行这一准则的人，与声称"我从不说谎"的人一样，其实都在睁着眼睛说谎！

找借口就是不负责任

这也是一个明晃晃的谎言。

朱莉安拿着文件袋跑进会议室的时候，客户正不耐烦地站起来要走。这是一个非常重要的项目，而且已经到了最后确认阶段。

朱莉安很真诚地道了歉，然后一瘸一拐地走向座位，并且让自己看起来好像需要很努力才能保持平衡一样。其中一个客户按捺不住，问她发生了什么事，朱莉安露出一个"我没事"的表情说道："有个孕妇忽然晕倒了，我送她去了妇产医院，赶回来时不小心崴了一下。"虽然并不是所有的人都接受这个解释，但在"好人好事"面前，大家至少在表面上都原谅了朱莉安，合作也得以继续。

事实上，朱莉安走到半路高跟鞋的后跟断了，她不得不去鞋店买一双新的，因而耽误了点儿时间。同时，她也知道，这种借口只有在运气好的时候使用才会偶尔奏效，在之后的合作中，她总是为各种意外状况预留出半个小时。正因为如此，客户非常庆幸当时给了朱莉安一个解释的机会，否则他们就失去了一个可信赖的伙伴。

在工作中，每个人有每个人的立场，有些后果是我们个人无法承担的。一个巧妙的借口——不管是真实的事件还是善意的谎言——既维护了公司的利益，又给了自己一个改过的机会，比诚实认错、默默等待惩罚要明智很多，也负责很多！

当然，我们并不鼓励人们一遇到问题就找借口，就像我们不提倡把谎言当作"主食"一样。有些人为了掩盖自己的过失，寻求心理上的平衡，习惯性地把借口当作挡箭牌，长此以往，他们将变得散漫、拖延、无责任心，忘记怎样去努力，也不可能取得真正的成功。

记住，借口不可或缺，但要用得其所。

4.怎样把谎言说得跟真的似的

一个带来好处的谎言，远比一句带来不幸的真话好很多。

—— 波斯谚语

说谎的"初级阶段"

大人们总是试图让孩子们相信：说谎是不值得的，因为谎言腿短，迟早会被揭穿的。但他们没有告诉孩子们：这也正是区别巧妙的谎言和愚蠢的谎言的关键所在，例如高超的表演、适当的附和、聪明的装傻充愣，等等。

在正式进入社会之前，我们所处的环境是相对单一的，我们可以"单细胞"地生活，可以任性、撒娇，甚至闯祸。正是因为需要考虑的因素较少，我们能够在潜意识的作用下不假思索地说谎；而一旦进入社会，就必须独立应对各种有着利益之争的场景，有意识地说谎将变得越来越重要。

诚然，说谎是自然而然习得的一项生存技能，但"有预谋"地说谎却是需要学习和磨炼的。对于初学者而言，在有意识的情况下对自己的朋友说谎，难度未免有点儿高，因为朋友对自己太过了解，很容易露出马脚。所以，初学者可以拿那些讨厌的推销员或房东练练手，等娴熟以后，再将说谎的对象扩大，最后就算面对亲近之人，也能自如地说些小谎来安慰他们，更不用说面对某些愚蠢的上司、神经兮兮的代理人，以及厚颜无耻的客户了。

在职场中，说谎的"初级阶段"就是对个人及成就的不实描述。

回忆一下，当你拿着简历去面试时，你对自己的描述，是否比认识你的人对你的评价要高很多？

怎样减轻负罪感

在一个人开始有意识地准备说谎时，最难克服的恐怕是负罪感。为此，你首先要明确以下几点，并不断给自己暗示。

◆ 说谎本身就是一种解决问题的方法。

◆ 时刻牢记你的动机和目标。

◆ 必须认识到，你已经没有更好的选择了。

◆ 既然下了决心，即使内心仍有所担心，也必须坚持下去。

◆ 一旦感觉到负罪感蔓延，立马停止思考，并坚定地告诉自己：我别无选择，而且，我已经考虑好后果了！

调整评价等级

一个好的谎言，必须是小小的、善意的，同时为了不被发现，又要能与周围很好地契合。谎言不能脱离现实而存在，而且必须与"可能性"有关。有一个实用而简单的方法，那就是**适当地调整评价等级**，

使好事看起来更好，而使坏事看起来不那么坏。

当别人获得成绩时，我们可以稍稍夸大一下我们的祝贺、羡慕；但当自己获得表扬时，则需要稍稍收敛一下喜悦之情。

就算别人说的事很普通，没什么值得称颂的，我们也应该微微一笑，以示尊重，或适当地称赞一下。

如果别人遇到了沮丧的事，我们不能说"确实很糟"，而是应该说"还行吧""没那么糟"。当然，如果是我们自己遇到了糟糕的事，则可以小小地夸张一下糟糕的程度，这能为我们争取同情和帮助。

要是对方提出了一个无厘头的要求，我们需要小心谨慎地提出自己的意见，避免正面起冲突。要是对方自说自话、胡言乱语，那么，最好的办法就是少说点儿话，大家自然会把那个口无遮拦的家伙当作笑话看。

除了以上情况，我们还必须遵循一条原则，即尽量少说谎，只有这样才能将谎言被揭穿的风险减到最小。万一被冠上"吹牛大王"或"马屁精"的头衔，那可是很难甩掉的。

怎样回答不想回答的问题

下列现象几乎每天都在发生：

- 为了逃避客户的纠缠，将其拉入黑名单。
- 每次说到一些悬而未决的问题，上司就开始顾左右而言他。
- 面对上司的盘问，因为害怕承担责任而闪烁其词。
- 得知客户要来公司"讨债"，赶紧找个理由外出。

很多时候，我们害怕实话实说带来的严重后果而选择逃避，这是我们保护自己的一种本能。在交谈的过程中，当遇到自己不愿提及的话题时，我们要么闭口不谈，要么迅速转换话题，以免使谈话遭遇冷场。

可是，并不是所有我们不愿意面对的事都可以逃避，有时候，一味遮掩会让事情变得越来越棘手。那么，怎样才能回避那些令我们头疼的问题，同时又不让对方感到不满呢？

看电视时，我们经常会发现，当主持人、嘉宾被问到一些私人问题时，他们往往不是避而不谈，而是巧妙地转移话题，化尴尬为幽默，既保护了自己，也逗乐了观众，可谓一举两得。

要转移话题，首先必须让对方把注意力从原来的话题上移开，否则他们很难接受你的回答。社会学家通过研究与实践，提出了一项广泛应用于社交领域的策略——**正面回答相似的问题**。

这样做的好处是显而易见的，对方很难回忆起刚才的问题究竟是什么，尤其是在对方目的性不是很明确时，他们将更难发现其实回答者已经避开了原先那个问题。

5.领导们的谎言

如果我们怀疑一个人说谎，我们就应该假装相信他，因为他会变得愈来愈神勇而有自信，并更大胆地说谎，最后会自己揭开自己的面具。

——［德国］叔本华

谎言孕育的虚假辉煌

2001 年，位于美国德克萨斯州休斯敦市的安然有限公司（Enron Corporation）宣告破产。当时，安然拥有约 21000 名员工，是世界上最大的电力、天然气以及电讯公司之一。安然连续六年被《财富》杂志评选为"美国最具创新精神公司"，其在 2000 年披露的营业额达到了 1010 亿美元。

曾经有一位投资人对安然"乐观健康"的财务状况提出质疑，却遭到了安然首席执行官杰夫·斯基林的破口大骂。然而谁能想到，这个拥有上千亿资产的公司竟在短短几周之内破产了，而罪魁祸首正是财务造假！

"安然帝国"的倾塌在美国引发了严重的企业财务信用危机，包括斯基林在内的相关人员也接受了法律的惩处。

　　但是，安然的财务造假并不是个案。2003 年，曾经的美国第二大长途电话公司世通（WorldCom）宣布破产，而后进行了重组。美国证券管理委员会（SEC）于 2002 年 6 月 26 日对世通造假事件展开调查，发现在 1999 年到 2001 年的两年时间里，世通虚构的营收达到 90 多亿美元。截至 2003 年年底，世通的总资产被虚增了 110 亿美元。

　　我们不反对在商场和职场使用一些必要的谎言，但财务造假是一种商业欺诈行为。然而在利益的驱使下，仍有很多人抱着"只要做得隐蔽一些、聪明一些，上头绝对查不到"的心态，选择铤而走险。

　　谎言或许可以使一个企业看起来前途光明，但其中隐藏的风险，也足以击垮所有的辉煌。更何况，连安然这样精心策划了多年的财务骗局都被揭穿了，谁又能保证下一个被曝光的不会是自己呢？

会议中的谎言

　　斯坦福大学商学院的教授大卫·拉克尔和察可尤基娜采用心理学的研究方法，对 2003 年至 2007 年间的近 3 万场由美国首席执行官和首席财务官主持召开的电话会议进行了分析，试图揭示"当人们说谎时，说话方式有什么不同"这一问题。大卫·拉克尔和察可尤基娜记录了每一位执行官的用词和表达方式，尤其是对讨论利润的会议上的说辞进行了比较。

　　结果发现，当领导们开始说谎时，他们更倾向于引用常识（"正如大家知道的那样"），而较少地直接指向股东的利益。而且，他们也不怎么使用"非极端积极的情感词"，例如，在形容一件事时，他们会用"不可思议"来代替"好",从而使其听起来更有说服力。另外,领导们在说谎时会避免使用"我",他们更多地会选择使用第三人称。那些代表着"犹豫"的词汇会暗示说话者可能接受过"说谎训练",因此,像"嗯""啊"这样的"犹豫性词汇"也不经常出现。

斯基林曾骂一位投资者"混蛋",而研究发现,"咒骂"这一表达方式很有可能说明说话者在说谎。

该项研究及其结果发表在一篇以"察觉电话会议中的谎言"为题的论文中,其重要性是显而易见的,它能够帮助投资者在电话会议中收集新的有价值的观点。

不过,随着时间的推移和社会的发展,这项研究的重要性会减退。现在,公关公司已经知道如何指导老板掩盖谎言,例如更多地使用"犹豫性词汇"、减少骂人、避免过度使用表现积极情绪的表情等。

老板的"口头禅式谎言"

美国佛罗里达州大学的一份研究报告显示了美国的"办公室虐待"现象之严重:近40%的员工说自己的主管"说话不算数";超过四分之一的员工认为,他们的主管"经常在背后说下属坏话"。我们一起来看看老板都有哪些口头禅式的谎言。

"好好干,我不会亏待你的!"

对于热血沸腾的年轻人而言,这句话充满了鼓舞与希望。然而,时间和事实却证明,几乎每个老板都说过这句话,但却不是每个老板最后都能兑现这句话。如果不幸被老板"放鸽子"了,不要试图去争取,因为他们已经准备好了一大堆绝对充分的"理由"来驳斥我们。

我们会对每一个员工负责。

作为一个公司,最重要的就是讲诚信、负责任。很多老板在公众场合都会这样标榜自己和自己的公司,但事实上,他们侵犯员工的隐私、占用员工的私人时间,甚至对员工进行言语侮辱。

我们提倡男女平等,但不难发现,很多公司明显存在歧视女性的现象。美国劳工统计局的数据显示,2011 年,最低薪酬工作中,大约三分之二都是由女性来承担的;最低薪酬全职工中,61% 都是女性。

就这么办,出了问题我负责!

很多时候,主管下达一个命令可能只是心血来潮。千万不要相信"出了问题我负责"的鬼话,要是真的出了问题,执行者首当其冲,最有可能成为"替罪羊"。

因此,面对一个可能存在风险的方案,或者看起来不是很妥当的办法,我们首先要做的不是立即执行,而是恰当地把自己的意见表达出来,这既是对公司负责,也是对自己负责。如果不是十万火急的事,也可以推迟半天或一天,借汇报准备工作的时机再向主管确认一遍,并重申可能带来的后果。当实在无法说服主管改变主意时,可以向更高一级领导请示。

大家畅所欲言!

开会的时候,老板经常这么说,但稍有职场经验的人都没有这么做，而刚进职场的新人又不敢这么做，所以，这句话基本上是一句撑场面的空话，或者准确地说，是老板"有预谋"的谎言。

员工是需要鼓励的，对于这一点，老板比我们更清楚。当他的长篇大论结束时，如果只有机械的掌声，那是远远不够的，他必须让员工知道，自己是一个慈祥、亲切、大度的老板，而开会是最好的机会。因为员工完全没有准备，他们很难在这么短的时间里就听明白整份报告，同时还能提出一些"激动人心"的建议。这样，老板就有充分的理由相信，"不是我不给你们机会说，是你们自己不说的。"

目光要长远！

这是一句经典的职场忠告，我们也提倡一个人的职业规划要从长远出发，不能被一时的眼前利益所诱惑。但是，某些老板却把这句话当作敷衍员工的借口。

当员工抱怨薪水低、福利差、任务重、资金少的时候，他们就会把这句话搬出来："目光要长远，不要只看眼前！""你们还年轻，目光要放远些，我相信你们！""现在吃苦是为了将来，5年后、10年后，你一定比XXX还要成功！"

不要以为老板真的相信你前途无量，他们只是想少付一点儿工资，或者让你心甘情愿地多加一会儿班。

6.测谎仪真的能测谎吗

你可以一时欺骗所有人，也可以永远欺骗某些人，但不可能永远欺骗所有人。

——[美国] 亚伯拉罕·林肯

可能的谎言信号

坐立不安、手忙脚乱、胳膊交叉放于胸前、不敢进行眼神的交流，或者故意提高嗓门……

在绝大多数人看来，这些都是说谎的表现，但事实上，至今为止没有一项科学实验能够证明这些表现和说谎存在着必然的联系。在审讯中，有一条标准是：眼睛看向左上方的人，极有可能在说谎。谎言研究者并没有证实这种联系，但也没有排除这种推论，因而只说"极有可能"，而非"一定"。

说谎几乎没有稳定可靠的特征，目前唯一得到验证的是开始说谎时会出现犹豫，但这种犹豫只持续几微秒[1]。有一个普遍的观点是，当一个人说谎时，内心压力会增大（在前面已经说过不止一次），情绪容易陷入紧张状态，从而出现一系列不自然的表现。

---

[1]微秒：时间单位，符号 μs，1 微秒相当于百万分之一秒，即 10-6秒。

但是，审讯专家也指出，引起情绪紧张的因素有很多，说谎只是其中一个"可能的因素"。比如，一个内向的无辜者面对严肃的审讯，也会产生不安、压抑、紧张等情绪。很多人错误地把被告或嫌疑人的"情绪紧张"认定为说谎，从而造成了不少错误案件。

乔·纳瓦罗[1]认为，身体语言是内心情绪的外在表现，我们能够从中识别出一些谎言的迹象。

保罗·艾克曼[2]则密切关注着另一种现象。他认为，微表情是不受意识控制的、转瞬即逝的情绪信号，但却最能反映一个人的内心状况；经过训练的观察者能够捕捉到微表情，从而判断出一个人真实的心理；同时，利用仪器将一个人的面部表情放慢数倍，也能辨识出一些微表情。从这一点出发，艾克曼提出，如果一个人的说辞与面部表情不一致，则有可能在说谎。

注意，我们一直强调的是"可能"。一些心理素质极强或经过专业训练的人往往能很好地驾驭自己的动作、声音、表情，因而很难被识破。

有人说："我们可以使用测谎仪，没人能逃过测谎仪的检测。"真的是这样吗？

---

[1] 乔·纳瓦罗（Joe Navarro）：享誉全球的身体语言大师，长期担任美国反间谍情报小组专家，著有《FBI教你破解身体语言》《牌桌上的阅人术》等书。

[2] 保罗·艾克曼（Paul Ekman）：美国心理学家，主要研究领域为面部表情辨识、情绪与人际欺骗。1991年获美国心理学会颁发的杰出科学贡献奖，著有《说谎》《情绪的解析》等书。

测谎仪本身就是一个谎言

按照心理学的理论，在经历了某个特殊事件后，我们无一例外地会在心理上留下无法磨灭的印记。比如，作案者作案后，脑海中就会不断重现作案时的情景，琢磨自己可能留下的痕迹；当听到别人提起发案现场的一些细节时，这种印记就会受到震动，引起呼吸、脉搏、心跳、脑电波、瞳孔、皮肤等生理参数的变化。而测谎仪能够将这些肉眼难以看到的变化记录下来。谎言专家通过分析变化图谱，得出被测者是否在说谎。

但事实上，"测谎"测的并不是谎言本身，而是受刺激后引起的生理参量的变化。因此，或许把"测谎仪"称为"多参量心理测试仪"会更加准确一些。

既然如此，为什么很多审讯无果的案子，一用测谎仪，作案者就暴露了呢？其实，测谎仪本身就是一个谎言！

首先，面对神秘莫测的东西，大多数人都会产生心理压力。在正式测谎之前，测谎专家往往会和嫌疑者进项漫长的对话，其目的是了解被测者的个性特征和诚实程度，以确定审讯的问题和方式。其次，测谎专家会反复说明测谎仪是集科学性、客观性、公正性为一体的高效率现代化仪器，并且从未出现过差错，从而使嫌疑者担心，如果自己说谎，就有可能会被当场识破。

为了让被测者相信测谎仪是不可欺骗的，测谎专家还会要求被测者做一个示范性的验证试验。例如，让被测者从一副纸牌中随意抽出一张，混在其他纸牌中，当测谎专家拿着这些纸牌问被测者"是不是这张"时，被测者一概回答"不是"。但是，测谎专家能够正确地指出被抽出的是哪一张，并告诉被测者："说谎时，生理参数会发生变化，这就是你回答问题时的反应得出的结论。"事实上，这些纸牌往往是事先做了记号的。

就这样，很多人相信"神通广大"的测谎仪确实能测出谎言，于是选择坦白。但即使利用测谎仪，也无法揭露所有的谎言。甚至还有一种比较糟糕的情况——测谎仪本身也会制造谎言。

例如，36 岁的大卫·杰·艾维被指控偷了原雇的钱，经过测谎仪的分析，他被判定有罪。然而，没过多久，警方抓到了真正的小偷，而那个小偷却通过了测谎仪的检测。

还有一个案例是 1979 年发生在美国俄亥俄州的谋杀案。当时，犯罪嫌疑人弗洛德·费在测谎实验中被测出说谎，最后以谋杀罪被判终身监禁。可是两年后，真正的凶手浮出了水面。

研究表明，测谎仪只能发现 75% 的谎言。当然，这比美国联邦调查局的人好多了——据说他们只能发现 60% 的谎言，而普通人则只能发现 30% 的谎言。

另外，我们还应该明确一点——测谎仪得出的参数变化和推论，并不能直接作为证据来使用。即使是在测谎技术已相当发达、测验人员技术偏差小于 1% 的美国，根据测谎仪得出的结论也必须在庭审中进行质证，或由举证者提供旁证，否则不予采信。也就是说，如果嫌疑者坚持否认自己犯过案，而又没有其他可靠证据，那么测谎结果只是一张普通的图。

7. 人人都可以是识谎高手

猜透一个人隐藏的想法，比听一个人说出他的想法更容易成功。

——［德国］亚瑟·叔本华

经验是最直接的测谎仪

迄今为止，还没有一个可靠的方法能够完全识别出谎言，但这并不影响我们快乐地生活下去。在日常生活和工作中，如果想要识别一些谎言，更多的是借助个人知识和经验，而非严肃的问讯或专业的仪器。

格奥尔格兴奋地说起一次旅行经历——乱飞的小石子砸到了导游的牙齿，那个导游的牙上从此多了一条裂缝。在讲述的同时，这个吹牛者会意识到，可能听故事的人中正好有人认识那个倒霉的导游，但那个导游有着一口完美得令所有人惊讶的好牙。所以，在故事结尾，吹牛者往往会补充道："这是很久以前的事了，现在那个裂缝早就长好了。"于是，稍有常识的人都明了：他在说谎，因为牙齿上的裂缝是无法长好的。

在这里，常识——或者说知识和经验——成功地检测出了谎言。

大多数时候，我们都会把原有的认识和别人的陈述进行比较。我们的大脑能够借助内部语言，将认知按照合理的、完善的程序组织起来，且环环相扣，形成"自动化"的链子。这就是所谓的"智力技能"，是不受我们的控制而自行发生的。

因此，当我们集中注意力听一个人讲话时，如果出现错误信息，我们立马就能发现。当有人说法国大革命发生于 1798 年时，我们立刻反应过来——不是"1798 年"，而是"1789 年"；当朋友对某个我们熟悉的路段出现描述错误时，我们马上就能发现；当某人对一个人的性格进行评价时，我们也会立刻在心里对这番评价进行肯定或否定。

我们的潜意识总是这样或那样地提防着别人，不断用已有的知识或经验检验着来自外界的事物。但有时候，原有的知识也会使我们忽略某些谎言，就像医生会在其专业领域对一些谎言产生"免疫"一样。在一次同事聚会中，有一个人大声说："因纽特人有 34 颗牙。"众所周知，一个成年人正常情况下只有 32 颗牙，这个谎言之所以没有被察觉，是因为同为牙医的听者没有想过去怀疑同事的话，也没有去关注过因纽特人到底有多少颗牙。但这里明显存在着"隐患"——记忆力好的人只要稍微回想一下，就能发现那个同事只是信口开河。

我们的潜意识始终保持着警觉，能够把一些与认识不符的信息记录下来，并在需要的时候出现在意识层面。

哈拉德绘声绘色地讲述着自己九死一生的"独木舟奇幻漂流"，很显然，他已经有些喝醉了。他顺嘴问了一句："有没有人认识托马斯·K？他当时也在。"听故事的人中没有人认识，这个问题看上去毫无意义。几小时后，人们都回到了家，关于托马斯·K 的问题又浮现在了人们的意识层面中，于是人们在潜意识中对整个故事进行了一番"检查"。之后，敏锐的人很快就觉察到，那个看似毫无意义的问题，其真实作用是确认没有人可以调查故事的真实性，至此，人们开始怀疑故事的真实性，而那个大家都不认识的托马斯·K后来也证实，那次漂流很普通，并没有像哈拉德讲的那样富有戏剧性。当然，有些迟钝的人直到很久以后才反应过来：哈拉德在吹牛。

当我们想要怀疑一件事或一个人时，必须先有意识，然后才能感觉到谎言的存在。因此，有时要等事情过去很久，我们才会注意到某些信息与自己的经验存在着矛盾。

当我们面对一个完全陌生或者了解甚少的领域时，也会对谎言产生"免疫"，这就是为什么很多看似深奥的伪自然科学理论更容易被公众接受。很多年轻人不了解第三帝国（希特勒当政时期纳粹统治下的德国）的真实历史——这是一个越来越严重的社会问题——所以他们盲目地相信并传播社会告诉他们的"历史"，但我们知道，这其中大部分是谎言。

值得庆幸的是，在日常生活中遇到的很多谎言，有明显的"修补"痕迹，只要稍加考察，就能够发现和已知事实之间的矛盾，从而找到真相——如果有需要的话。

举个具体的例子。有人想买一辆二手车，并把自己的购车要求都写在了"愿望清单"上，其中有一条是"全轮驱动"。但是销售员说："作为专业的销售人员，我劝您不要购买全轮驱动，这些都比全轮驱动好。"在这里，销售员的"规劝"只是一个幌子，他其实是要掩盖真相——"我们这儿没有全轮驱动的二手车。"所以，购买者要么放弃"全轮驱动"这个条件，要么放弃这家店。

立竿见影的识谎术

在职场中，我们需要掌握一些简单有效、操作性强的识谎术，这对我们处理同事关系、选择合作伙伴、维护自身利益等都有着极其重要的作用。

首先是语速。 下班时，我们想让同事帮忙，于是问道："你有时间吗？"如果同事很迅速地回答："没有，我没有时间。"那么，基本可以肯定，对方是在说谎，因为反应迟疑常常被认为是一种说谎的表现，他不希望引起你的怀疑。有的说谎者会先说"没有"，但接下来语速放慢，因为他需要编造一个可信的具体的解释。

其次，在什么地方加强语气也能判断出一个人是否说谎。 我们在说话时，常会不自觉地利用身体的不同部位来加强语气。当一个员工遭到"你究竟知不知道这件事"的质问时，他可能会皱眉、摇头，甚至跺脚，以强调自己确实不知道。但绝大多数说谎者却会减少加强语气的动作，因为他们只想着该说什么、怎么骗人，而很少想到如何表现。有时，说谎者也会加强语气，强调的却往往是无关紧要的事。

再次，说谎者为了增加可信度，常常会对一件事做出多余的解释。 当出现"我一向都是实话实说""我母亲经常教导我要……"，以及"说实在的，我也觉得……"等句型时，对方十有八九是在说谎。还有的人会反复解释一些没用的细节，或者重复确认一个问题。

最后，"打破砂锅问到底"，这也是我们常用的识谎术之一。 大部分谎言都是脱口而出的，没有严密的逻辑和条理，因此，问得越细，说谎者就越容易感到慌乱，矛盾的地方也就越多。

总之，当一个说谎者不愿承认自己说谎时，身体和语言都会出现一些不协调的表现。我们来总结一下，在可能存在谎言的情境下，如果被质疑者出现下面这些表现，绝大多数人都会认为他在说谎：

◆ 停顿很久，或者回答时总带"嗯""啊"等犹豫的字眼。

◆ 脸色突然发生变化。

◆ 盯着某个角落，并且向上看；或者停止眼神交流。

◆ 来回拨弄手里的东西。

◆ 挺胸坐直，但又显得局促不安。

◆ 胳膊交叉放在胸前。

◆ 废话连篇，要么说不到重点，要么对重点一笔带过。

◆ 讲述时毫无感情，就像在机械地背诵。

◆ 瞬间转换情绪，表现得或激动，或愤怒，或异常平静。

我们在前面说过，这些未必是说谎的信号，但在特定的情况下，确实能为谎言提供佐证，毕竟我们是没有经过专业训练的普通人，很难不动声色地掩饰压力带来的紧张。

第 **6** 章

为什么**我们**常常**骗自己**

当你夺走一个平凡人的人生谎言时，同时也使他丧失了幸福。

——［挪威］亨利克·易卜生

本章导读

　　心灵是自我欺骗的高手。自私者会坚决否认自己做过自私自利的事，懒汉会把自己树立为勤劳的典范，嫉妒心重的人常宣称自己所做的一切都是为了对方好……一起来看看下面这些自我欺骗的实例。

　　我们总是更容易发现别人身上的盲点，而难以认清自己对自己的欺骗。当被迫做某个决定时，我们总是不断地找理由来解释自己的犹豫。就算面对一段名存实亡的感情，很多人也仍试图挽留和维护；就算确知新的工作机会十分难得，有些人也仍顽固地坚守在原来的岗位上。当和别人进行激烈的争执时，双方都希望对方先做出让步。很多人永远不会承认，他们的批评或要求远远超过了自己的初衷。

　　一部电影的背景音乐比它的图像更能影响观众的心情，但几乎没有人会注意到这一点。在电视上看见鲨鱼穿梭于水中时，我们会产生轻微的不舒服感，但如果同时配上一段令人紧张的音乐，那么，整个画面就会使很多人感到心惊肉跳。我们以为引起内心不安的是这些图像，但其实是音乐，或者准确地说是这两者的组合。

　　很多女人在购物时十分确定，某件衣服不但物美价廉，而且非常适合自己。但回到家中，她们就把它挂进了柜子，一次也不穿。几年后，那件几乎全新的衣服被送到了旧衣物捐献处。

　　为什么有那么多几乎免费的购物游？因为活动组织者坚信，小小的礼物能够诱使参与者购买昂贵的商品，而参与者也的确极有可能花大价钱购买不必要的东西。所以，心灵是很容易受骗的。

一个好的销售者能让我们在几分钟之内就产生这种感觉：站在面前的是好朋友，是知己，至少是一个值得信赖的人。这究竟是不是真的？我们无从得知，只不过是凭着感觉。但感觉一定准吗？—— 几乎不准！

在过度美化或妄自菲薄的套话面前，我们常常紧闭双眼。我们的记忆不遗余力地帮助我们，因为相比于现实，记忆更接近于理想——我们是回忆的总和，而非经验的总和。

自我欺骗能够稍微提升我们的自我价值感，保护我们的自尊心。但有几个问题：自我欺骗究竟是如何发生的？是不是所有的自我欺骗都是有益于身心的？自我欺骗的"度"应该怎样来把握？

在接下来的阅读中，让我们一起揭开自我欺骗的真相。

1.我们为什么纠结

人类总是爱和自己闹对立，用自己目前的痛苦哄骗自己的希望，又用并不属于自己的前程，来欺骗目前的痛苦，人类的一切行为，无不打上自相矛盾和软弱的烙印。

——［法国］巴尔扎克

矛盾的小心脏

我们希望变得苗条，但不愿意挨饿；我们希望变得强壮，但不愿意锻炼；我们希望安全行驶，但不愿意放慢速度；我们希望平静地生活，但总和别人对着干；我们希望更好地理解一门外语，但害怕学习的辛苦；我们希望更多地了解生物学或天文学的知识，但懒得读书；我们希望可以与别人讨论政治或经济，但又觉得自己的知识太贫乏；我们希望定期购买一份有品位的报纸，但这要花很多钱……

人人都有一颗矛盾的小心脏，就像里面藏着两个小人，不断在争吵。为了让他们暂时消停一会儿，自我欺骗开始发挥作用。

回想一下，当我们面对美食、深陷"吃或不吃"的矛盾中时，如果有一个朋友说："这些东西卡路里很低，一会儿我陪你散散步，很快就能消耗掉。"我们是不是更容易做出决定？尽管我们知道，朋友说的并不全是真相，但就是愿意相信，并在心里暗暗地想："就这一次，没关系的，我保证从明天起……"

从明天起……

"从明天起……"是一个能够体现自我欺骗的非常典型的句型，类似的句型还有"待会儿再说""以后再说""先放一放"等。

诚实地问问自己：我用过吗？

我们决定要选择更健康的生活方式，不吸烟、少喝酒、有节制地吃饭、定期做运动、节省开支、早点儿睡觉……但没过几天，我们的内心就会出现一个声音："今天算了吧，就这一次，我保证从明天起……"

我们想去慢跑锻炼，但今天太热了、太冷了、太干燥了、太湿润了、太晚了、太早了……还是从明天起吧。

我们看到一个很有意思的创意，顿时兴趣盎然、跃跃欲试，因此计划在接下来的一个月中，每到周六就去参加培训。但到了周六，我们趴在床上不愿动弹，同时为自己不想参加找到了一个很好的理由："培训要花很多钱呢，这个月要节省开支，以后再说吧。"

我们制定了一个学习计划，坚持了三天。但到了第四天，我们和朋友出去吃饭，又喝了点儿酒，于是对自己说："先睡吧，明天把今天的补上就行了。"但第五天，我们被叫去参加研讨会，或者去购物、喝咖啡、参观博物馆……

我们发誓每天早上6点的闹钟一响就起床，但是9点才上班，6点半起床也来得及；或者7点起吧，吃早饭、洗澡，花不了太多时间。

很快，7 点的闹钟响了，唉，再睡一会儿，大不了不吃早饭了。

面对不想做的事，我们总有充分的理由说服自己放弃。在"从明天起……"这个句型面前，决心极有可能很快就会被判无效，95% 的雄心壮志都面临半途夭折的命运。

如果我们希望自己变得更有效率，希望生活变得更有条理，那就必须抛弃"从明天起"的谎言！

"立刻行动"的小练习

● 用电脑或手机做好备忘录，定好时间；当备忘提示出现时，立刻放下手头的事，换一个姿势，并且深吸一口气。

● 把注意力转移到事情本身上来，而不是自己的情绪上。

● 做任务就像跑马拉松，与其盯着遥远的终点，不如看着脚下的路。

● 设定一个最低标准或目标，按照"最低"去完成任务。

2.世界是对的，我也是

你所说的一切，都应符合你的思想，否则就是恶意欺骗。

——[法国]蒙田

静态的价值判断

一旦形成某个观点，我们的心理机制就会对各种信息进行分类——符合这个观点的，就被认为是"事实"或"真相"，并努力去论证；与这个观点相冲突的，要么被忽视，要么被认为是"荒诞不经"的。总之，当一个人顽固地坚持某个观点时，一切与此不相符的解释都是徒劳的。

有个男人一直相信自己早就死了。他去看心理医生，但几次会面下来，医生都无法将他从幻想中拉出来。

最后，医生说："说一件你觉得死人不会做的事。"

男人回答："死人不会流血。"

于是，医生拿起了根针扎在男人手臂上，鲜血立刻流出来了。

"你现在有什么感想？"医生问。

男人恍然大悟道："原来死人也会流血！"

这则小故事告诉我们，任何逻辑都无法阻碍我们为自己的观点辩护。或许上面的例子过于极端，那么再来看一个生活中的例子。

一位朋友顽固地认为自己没有参加几年前的某个庆祝活动，别人向她展示了一张当时的照片，而她清清楚楚地出现在照片上。然而即便如此，她也依然坚持否定："这不可能，我根本没去！"

让一个人放弃原有的信念是多么困难，每个人都心知肚明。但是，固执己见或冥顽不化，都有其存在的合理性。

试想，如果对一件事的判断常常因为某个信息而改变，那么，我们的心灵和生活就会陷入无止境的混乱中。

因此，静态的价值判断对我们的内心世界起到了极其重要的稳定作用。即使思维中的某些看法被证明是错误的，也不代表整个世界观的大厦就此坍塌——在没有窗户的地方开一扇新的窗户，就是这么简单！

最好的辩护人

有时，一个愿望会滋生某些想法，但我们又拿不出任何有说服力的理由或证据来支撑这个想法，于是自我欺骗就发生了。

如果是轻微的自欺，那么当真正关心自己的人诚恳地指出我们的盲点时，我们就会意识到这种自欺（不一定会大方地承认），并对别人的意见进行斟酌和考量；如果是强烈的自欺，那么大部分人都会想方设法寻找有利于自己的论据，完全排斥那些符合逻辑的、经过分析的论据。

例如，当我们没有取得原计划的成果而又不希望自尊心和自信心受到伤害时，聪明的心灵马上就能为我们找到一个"合理"的解释：

- ● 我没有变胖，是裤子缩水了。
- ● 并不是我的工作做得不够好，而是这个任务本身就表述不清。
- ● 我会走错路，不是因为没有认真看地图，而是因为路线没有标清楚。

这些借口看起来都"合情合理"，如果有人对此表示怀疑，我们一定会不遗余力地为这些理由辩护。

我们只接受那些与自己的观念相符的解释，而当别人给出的理由无法让我们理解和接受时，我们又很容易被冲动支配。就像在前几章中所说的那样，我们相信一些事，是因为我们愿意相信，并不是因为事实如此。

例如，一个人觉得自己最近人品大爆发，于是去买彩票，并且坚持要自己选号。如果中了，就算金额很小，他也会欣喜若狂；如果没中，一定是因为刚才被谁碰了一下，吸走了运气！

总之，我们是自己最好的辩护人，自欺是我们最有效的手段，只要我们愿意，总能打赢"官司"。

被意识遗忘的怀疑

德摩斯梯尼[1]生活在大约公元前 350 年，但他对自我欺骗已经有了相当的认识："没有什么比自我欺骗更加容易，因为一个人想要相信什么，他就认为什么是真的。"

陀思妥耶夫斯基[2]在他的《地下室手记》一书中，阐述了自我欺骗的另一面：

每个人都有一段只愿意讲给朋友听的回忆；而有些事，甚至连对朋友都不愿讲，只是秘密地埋在心底；还有一些事，甚至连自己都害怕面对——每一个正直的人的灵魂深处，都隐藏着很多这样的事。

自我欺骗会限制一个人对自我的认知。当怀疑刚刚产生，还来不及被意识到时，就迅速被我们遗忘了。

我们习惯于将不愉快和难以接受的信息从意识中剔除，不过，并不是所有的东西都能进入到意识层面。一般情况下，我们只关注那些自己愿意看到的事物，而那些与自己的准则或想法有冲突的因素，则很难进入我们的意识层面，除非我们做好了一探究竟的准备。

我们对一个人的评价，往往取决于从第三方听到的有关那个人的

---

[1] 德摩斯梯尼（Demosthenes）：前 384 年～前 322 年，古希腊著名的演说家、民主派政治家。也译作狄摩西尼或德摩斯提尼。

[2] 陀思妥耶夫斯基（Dostoevsky）：1821 年～1881 年，俄国著名作家，与列夫·托尔斯泰、屠格涅夫等人齐名，是俄国文学的卓越代表。主要作品有《罪与罚》《穷人》《双重人格》《女房东》《白夜》等。

话语或消息，但我们仍然声称自己的评价不受他人影响。

有人买了一辆车，理由是"安全性能很好"，而事实上，更具吸引力的是它的超大马力，因为这唤醒了他渴望在狂野飞车的欲望。不过，他并没有察觉到这一点，除非善良的车商帮忙指出来。

有人无法抗拒"无止境的驾驶乐趣"的广告，原因是"条件太诱人了"，但忽视了一个被商家隐藏起来的关键因素——这个广告的代言人是个性感的长腿美女。

一个女人把昂贵的鱼子酱罐头放进了购物车，她跟家人解释说："价格还可以，不是特别贵。"而事实是，当她走到鱼子酱罐头的货架前时，刚好有个帅气的男人朝她看了一眼，她想给那个男人留下深刻的印象。不过，她已经想不起这个最初的动机了。

共同的偏见

不管是好的方面，还是坏的方面，人与人之间都有着相互适应的特性。

我们倾向于向自己喜欢的人靠近，为此，我们希望尽可能多地找出或者创造出彼此的共同点，例如：相似的兴趣爱好、相似的政治观点和道德看法、相似的休闲娱乐活动，等等。

在友情中，共同的信念是友好的基础，谁会和一个与自己"道不同"的人做朋友呢？在来往的过程中，虽然两个人方式不同，但无疑都在向对方靠拢，价值观也相互适应和趋同。

如果我们想知道自己应该坚持什么，就需要参考别人的观点。那些宣称"大家想的和我一样"的人就是这么做的。

别人的观点会影响我们形成某些观点，从而做出一些选择或评价，哪怕只是"晚上吃什么"这么平常的事，我们有时也会跟别人讨论一下。当我们要对一个医生进行评价时，会借朋友的评价来支持自己的观点。当然，在讨论的过程中，我们并不是真的想要得到什么出人意料的评价，而是会特别注意与自己的观点一致的评价。

对某支足球队的偏好、对某位演员的喜爱、对汽车内部装置或品牌的选择等方面的分歧是可以被容忍的，但有些方面的分歧则会造成人际关系的紧张。

当自己的某些观点尚未通过别人验证时，我们会格外注意自己的语气。在很多场合中，如果我们的观点没有得到赞同，或者遭到了委婉的批评，甚至只是从别人的弦外之音中听出了些许异议，我们也会调整自己，以适应别人的看法。

在讨论时，双方对"赞同"和"反对"很敏感。什么样话题受欢迎，什么样话题是禁忌？怎样提起一个话题？我们的内心都默默记录下来。就算是批判性的话，我们也会让它保持在别人可接受的范围之内。而一旦分歧过大，我们就会感到不安，并试图换个话题，甚至可能对对方敬而远之。

如此便形成了共同认知的思想体系，在这个公认的体系中，共同的偏见和自我欺骗有着千丝万缕的联系。

3. 我们可以活得更好

自我欺骗会减轻自我认知带来的痛苦。

——[古希腊]汉斯－约根·西贝尔伯格

从危险中生存下来

在现实生活中，我们需要偶尔通过自我欺骗，来缓和紧张的状况。

面临严重的婚姻冲突、亲人的绝症、威胁到生存的经济状况等问题，如果任其侵占大脑和思维，那么生活将再难继续。

若一个人不懂得适时忘记痛苦、忧虑和恐惧，终日苦思冥想、惶惶不安，就无法正确有效地处理问题。只有暂时的"遗忘"，才能让我们在危机中生存下来。因此，压制这些威胁带来的负面情绪，这是自我欺骗的健康模式。倘若我们能够做到不激动、不恼怒，保持行动力，那么，自我欺骗就是成功的。

但是，对危险可以"遗忘"到什么程度，是需要仔细斟酌的。如果无所作为、一味祈求上帝帮忙，那么随之而来的将是另一种危险。这就像在水深流急的水域里游泳已经很危险了，而高估自己的技术将使自己陷入更加危险的境地。

因恐惧而吓破胆和轻率地忽视警示，两者同样危险。**记住，想要**

成功走过狭长的悬崖小径，既要认识到危险，又要集中精力，而不是只纠结于危险本身。

发掘"更好的自己"

通常情况下，我们会努力给别人留下一个好印象。不过，格劳乔·马克斯[1]曾说："我不希望加入任何想让我成为其成员之一的团体。"米兰·昆德拉[2]也说："如果你真的了解我，那你绝对不想了解我。"这些都是非常有意思的"悖论"，恐怕会让99%的人都皱眉。

就一般人而言，如果被一个俱乐部"扫地出门"，很快就会"觉悟"："天啊！我究竟是怎么想的，居然会希望加入那种毫无品味的、无聊透顶的俱乐部！"通过修改对外部世界的印象，我们逐渐消除了对自己的怀疑，从而保护了脆弱的自尊心。由此看来，**自我欺骗是一种健康的反应，它能抵制自我怀疑，帮助我们重塑自信心。**

美国著名谎言研究者戴维·尼伯格说："自己是对的！不管发生什么不好的事，总是别人的错。"

一旦我们的观点与外界的信息出现分歧，我们的内心就会产生矛盾和斗争。例如，我们认为自己是个优秀的歌手，拥有一大群粉丝，但别人却告诉我们："哦，你的声音太次了，根本不是唱歌的料！"我们会觉得自己受了轻视、侮辱，自尊心受到了打击，甚至开始怀疑："我真的这么糟糕吗？""难道之前都是我一厢情愿？"如果让这种

---

[1] 格劳乔·马克斯(Groucho Marx):1890年~1977年，美国著名演员。

[2] 米兰·昆德拉(Milan Kundera):1929年出生，捷克裔法国作家，代表作有《不能承受的生命之轻》《生活在别处》《笑忘录》等。

情况持续下去，我们的心灵和生活都将陷入一团乱麻。因此，我们必须努力把矛盾和争斗降到最少，以维持对自己的好印象。

如果自己对自己的评价产生了动摇，这意味着：自我感觉很不好。为了减少这种不好的感觉，我们会根据现实状况改变自己的认知和阐述，并且会特别怀疑批评者的眼光和能力，因为我们不能让自尊心受到伤害，那会打击我们的自信心。我们知道，失去自信心是一件非常危险的事。所以，我们的目标是保持坚定的、有自我说服力的自我认知。

可是，我们经常做自我批评，难道这不是自我怀疑的表现吗？话虽如此，但自我批评必须在自尊心可以接受的范围内才会被提出来。换言之，如果自尊心遭到了攻击，自我欺骗就会立马撑开保护伞，将不利于自尊的自我批评阻挡在外。这和过度的自我欣赏有着本质的区别。

事实上，每个人都知道，我们远没有自己认为的那么好，但在自我认知的欺骗下，我们总能把不愉快的因素搁到一边，努力去发掘一个更好的自己。只有当"真诚"地审视自己时，我们才会得出跟约翰·巴思[1]一样的结论："自我认知总是意味着坏消息。"

❷　一直高估自己能力的人和总是低估自己能力的人，将面临同样的问题。

❷　那些相信自己的外语水平已达完美程度且不愿承认其实别人根本听不懂的人，不会在这方面取得大的成绩。

---

[1] 约翰·巴思（John Barth）：美国后现代主义小说家，他的创作反映了"二战"以来不同历史时期的时代特征。

● 失业了只从别人身上找原因的人，很难接受并适应现实。

● 从不进行自我批评的人，将会不断地失败。

"我现在需要抽根烟。"

这句话的真正含义是什么？真的是身体需要尼古丁吗？这种可能性很低。吸烟可以让人安静下来，得到短暂的休息，因而"我需要放松一下"的可能性更高。我们被自己蒙蔽了，但也得到了一些有益的东西。

很多时候，一句看似随意的"我要休息一下"或者"我现在不想干"其实很难直接说出口。如果没有一个合理的解释，我们很难表达自己希望"暂停一下"的想法，因为很多人都无法接受一个人什么都不做。

自我欺骗的作用之一就是帮助我们用另一种方式表达我们不愿直接表达的想法。

丈夫不想陪妻子去看话剧，但他不能直说，否则将引起一场不愉快的讨论。正在郁闷之际，他看到了电话机，突然想起电话费的事。

天哪，上个月电话费居然比之前两个月都多！

为此，他和妻子吵了一架。

妻子怒气冲冲地离开家，看完话剧后跟一个朋友去了酒吧。丈夫并没有再去关心电话费的事，而是舒服地坐在电视机前，自在地享受着欧洲冠军联赛中一场重要的赛事。

第二天，当妻子为自己喜欢煲电话粥的行为道歉时，丈夫一脸茫然："电话费？哦，这种事不用放在心上，亲爱的。"

现在我们都知道了，丈夫其实并非真的在意电话费是多少，只不过在那个时间点，这个话题无疑非常合适——连他自己都没有注意到，这是自我欺骗作用下的一个"小阴谋"。

我们很擅长淡忘能揭露真相的提示，从而对自己隐藏真实的意图。这样，不管是面对别人还是面对自己，我们都不会感到尴尬。

有人说："当有一天，你发现自己在欺骗自己，你就会看到，人生只有一半是美好的。"

不过，发现自我欺骗是一件很有难度的事，就像自己挠自己常常很难感觉到痒一样。很多自我欺骗是在不知不觉中发生的。

这不奇怪，自我欺骗是说谎的一种形式，而大部分谎言已经深入潜意识。而且，事实也表明，我们没有必要深究，除非我们觉得生活太美好。

享受美好的生命

20 世纪 60 年代，西方兴起了"嬉皮士运动"，相当一部分年轻人蔑视传统、特立独行，甚至将自己的财产分给别人。然而现在，他们却独自住在封建的大别墅里，享受着传统生活带来的乐趣。这是他们在 30 年前绝对无法想象的。

那个满脑子都装着浪漫幻想的女大学生，如今却继承了"雇主"的角色，成了"剥削者"和"女资本家"。曾被叛逆的她贬低和斥责过的那个阶层，成了她赖以生存的地方。

一些车主一边宣称自己注重生态和环保，一边却开着精心保养的越野车奔驰在内城的街道上。他们刻意忽略一个事实——这种车都没有保险杠，如果发生碰撞，乘客很容易受伤。如果有人提起，他们就用"我开车很安全"来为自己辩解。至于"大块头"占地大、耗油多的事实，他们就更不愿意想起了。

这样的例子不胜枚举，但我并不是想虚伪地举起道德的牌子对这些行为进行指责。只要有助于实现自我价值，我们可以也必须改变自己的某些想法，否则就无法接受新的自己，也不可能享受新的生活。

自我欺骗的意义在于始终保持自己的纯洁性。那些选择接受价值观、世界观改变这个事实的人，比纠结地墨守成规或在接受新观念时又饱受良心折磨的人，自我感觉要好得多，因而也更容易获得幸福感。

4.真假难辨的过去

我们把世界看错了，反说它欺骗我们。

——[印度]泰戈尔

会说谎的记忆

孩提时代的创伤是很难痊愈的，为了能继续生活下去，我们的心灵会选择否认或遗忘过去，然后臆造出一个新的过去。杰希总说自己的父母特别和蔼，而事实上，她曾过得极度压抑，还动不动就被关几个小时的禁闭；海伦不受家人的喜欢，常常被忽视，但他却认为自己拥有很大的自由空间；曼夫瑞不仅把酗酒的父亲描述成一个开明的、千杯不醉的"好朋友"，而且声称父亲的暴力行为只是酒后的无心之举，并且对自己的痛苦和不幸只字不提。

一些童年时期的记忆，也会被岁月这支画笔美化。曾经那个阴郁、压抑的祖母，曾经那个大家都担心活不久的瘦骨嶙峋的大姐姐，多年后再想起来，一个成了内敛、慈祥的老奶奶，一个成了注意营养和身材的姑娘。更甚者，几乎没见过面的工作狂爸爸，孩子在30多年后谈起来时，却说他是"关爱家庭的忠实守护者"，完全无视母子俩因为父亲常年不在家而遭人侧目的事实。

到了晚年，人们会把经历过的磨难幻想成小小的生活波折。比如好斗的儿子恐吓父母多年，但在父母的回忆中，儿子是个自信而有执行力的年轻人，他当初只是处于狂热的冲动期而已——"谁没有年少轻狂过呢？"总之，在回忆中，我们会扭曲事情的原貌，使过去变得符合自己的期望。否则，生活也许会艰难很多。

自我认知也立足于从孩提时期或青年时期开始的记忆。问题是，记忆的可信度有多高？自我认知又有多少是真实的？

在前几章中我们已经说过，记忆是非常不靠谱的，这种不靠谱有一个典型的表现，那就是"美化"。那些不舒服的、尴尬的、受伤的，或者很丢人的经历，会经过心灵的"美化"，变成另一种经历。一开始，我们或许还会对这个美化过的版本抱有怀疑，但在短暂的"回忆"之后，这种怀疑会变得越来越稀薄。同时，不管我们多么希望保持诚实，都不可能再客观地描述过去。我们在"回忆"中把过去弄丢了，而美化了的版本会完全代替原本的事实，从而成为新的、美好的"事实"。

准确地说，记忆只能记录部分事实。每个人都有一个自己的"过滤器"，它决定了一个人能记住什么、什么东西能触及意识层。所以，一件事是否重要，或者说是否符合一个人的自我认知，在其进入意识层之前就已经确定了。

被扭曲的虚假信息、诱逼性质的问话，或者别人展示了某件事的另一面，这些都会在我们脑海中形成歪曲的记忆。

埃里克的回忆——在2004年4月份的全民公决中，如果不是来自土耳其的定居者的反对，塞浦路斯已经重新统一了！而事实是，具有希腊血统的塞浦路斯人以绝对多数反对统一方案，使得统一的进程再次搁浅。但是，埃里克始终不相信自己深爱着的希腊人会破坏统一，直到现在，他仍讲述着"土耳其人破坏塞浦路斯统一"的故事。

很多虚假的记忆是无害的，也不会带来什么不好的结果。某段孩提时代的记忆是基于真实的回忆，还是看到照片后"编造"出来的，抑或是来自亲戚的描述？我们很难说清。

多年后，当与小时候的伙伴们重逢时，大家会重温起那些过去的经历，而我们会发现，尽管每个人都相信自己记忆中的历史是准确的，但对有些情节的回忆却出现了巨大的分歧。

记忆是可以被创造的

在一个实验中，参与者被亲人们告知自己在五岁时曾走丢，地点是某个大商场。事实上，他们在孩提时代都没有这样的经历。然而，经过实验组织者的添油加醋——走丢后不停地哭，最后在一个老妇人的帮助下找到了家人——29% 的参与者在听到虚构的故事后表示，自己或多或少地"记起"了一些情景。当我们受到有关某件事的生动暗示时，即使那件事是凭空捏造的，也能使一部分人相信自己确实经历过那件事。

在深入研究中，我们还发现，当真实与虚构混杂在一起时，虚构的记忆时常重复出现，甚至比真实的经历还要清晰。

在另一个实验中，参与者受到的暗示是自己曾在婚礼上将潘趣酒洒在新娘的礼服上。经过一番"回忆"，一些参与者"想起"了当天的细节：那个婚礼是露天举行的，人很多，大家开心地跑来跑去，碰倒了什么东西，自己也被撞了一下，于是酒就洒了。

记忆是可以被"创造"的，而现实与臆造的现实差异之大，从一位年轻妇人的事件中可见一斑。她深信自己两度怀孕并流产，后来证明这些都不是事实——她仍是处女。但可以确定的是：没人能完全客观、真实地回忆过去；每段存在于脑海中的、或长或短的记忆，都存在些许不确定，过去是有选择性地展现出来的。

我们再来看一个有趣的实验。

组织者将参与者分成两组，分别向他们描述了一系列简单的动作：敲桌子、举起文件夹、折断牙签、十指交叉、转动眼睛。一组参与者按照要求真实地执行这些动作，另一组参与者则只是一边听描述，一边在大脑中想象整个过程。第二阶段，组织者要求两组参与者回忆之前的动作。最后一个阶段，参与者需要回忆，在第二阶段的回忆中，哪些动作是真实发生过的。结果显示：参与者越是经常想象没有发生过的动作，以后就越有可能认为自己真的做过这些动作。

当很多人都反复声称某件事确实发生过时，人们就有可能形成错误的记忆。有时，我们坚信自己没做过，但别人都说："你做了，我看见了！"于是，很多人开始怀疑：真的是我记错了？如果被指责的是坏事，我们甚至会因此产生负罪感。

所以，要往大脑中植入一段记忆是相当简单的，轻微的社会压力就能使一些人把想象的"事实"进行扼要重述，并创造出一段臆造的记忆。

在法庭上，面对来自外界的压力，例如不间断的盘问，被告可能会因为过度紧张而错误地供认。这种事我们已经见怪不怪了。

5.对自己说谎，让内心平衡

你失掉的东西越多，你就越富有，因为心灵会创造你所缺少的东西。

——[法国]罗曼·罗兰

美国著名心理学家利昂·费斯廷格 [1] 认为，人的行为是两种或更多的观念、信仰、价值观、态度等在内心激烈斗争、对立统一的结果，他称之为"认知失调"。相互失调的认知因素会引起人们的心理上的紧张，并产生不愉快体验，他将其定义为"失调感"。例如，一个喜欢吸烟的人读了一篇解说吸烟可能导致患肺癌的文章后，心理体验会产生不愉快，因为"我平时吸很多烟"和"研究表明吸烟很可能引起肺癌"这两个认知因素产生了冲撞，失去了协调。

认知因素的矛盾程度以及对个人的重要性，决定了失调感的程度。想要减轻或消除失调感，也主要是从矛盾的两个认知因素着手的：

🖋 改变其中一个认知因素，使其与另一个认知因素协调。

🖋 采取新的行动。

----

[1] 利昂·费斯廷格 (Leon Festinger):1919 年 ~1989 年，美国社会心理学家，1959 年获美国心理学会颁发的"杰出科学贡献奖"，1972 年当选为美国国家科学院院士。他主要研究人的期望、抱负和决策，并用实验方法研究偏见、社会影响等社会心理学问题。他提出的认知失调理论影响巨大，成为社会心理学的基本理论之一。

● 收集新的认知因素，重新调整认知系统。

● 改变认知因素的重要性。

说得直白一点儿，消除认知失调，就是通过对自己说谎，使两个矛盾的认知因素相互妥协。例如：一个被迫下岗的人对老朋友说自己很享受这样悠闲的生活；一个受尽压榨、侮辱的员工说自己很喜欢那份工作，而且老板人还不错；一个按部就班、不敢创新的人说自己追求的是平淡和简单；一个讨厌工作的女人婚后辞职，因为她要照顾家庭和丈夫。

按照费斯廷格的观点，在这个过程中，我们一般对自己的心理活动状态缺乏明确的意识，自然也无法察觉到自我欺骗的存在。如果你对此仍有疑虑，我们不妨来看一个更加具体的经典实验。

参与者们先做一个小时的枯燥乏味的绕线工作，而在离开工作室时，实验组织者请他们告诉等在外面准备参加实验的人（其实是实验的助手）"绕线工作很有趣"，从而得到了 1 美元或 20 美元的酬金。然后，组织者请参与者填写一张问卷，以了解参与者对绕线工作的真实感受。结果，得到 20 美元酬劳的人觉得"很无聊"，而酬劳不高的人则觉得"很有意思"，甚至变得喜欢这个工作。

费斯廷格和他的团队对此进行了解释——

当参与者对别人说"绕线工作很有趣"时，其实是心口不一的。他们的大脑中有两个认知因素，即"我不喜欢这个工作"和"我对别人说这很有趣"，这两者产生了矛盾。为了消除心理上的失调感，他们就要想办法使自己的行为合理化。

得钱多的（20美元）人看在高额酬金的份儿上，认为说这样的小谎能得到切实的利益，是值得的，以此来为自己的行为辩护，从而削弱了心口不一带来的失调感。而对得钱少的（1美元）人来说，同样的理由显然很难为自己的行为开脱——为了这么点儿钱就说谎，他们会觉得自己傻到家了。因此，失调感带来的心理压力让他们重新审视两个认知因素。其中，已经做过的事是很难收回的，而对自己的态度的认识，相对来说就比较容易改变。所以，这些人宁愿相信"绕线工作很有趣"，不知不觉中就提高了对绕线工作的评价，新的认知因素"我比较喜欢绕线工作"和"我对别人说这很有趣"就协调了。

消除心理上的失调感的需求就像饥饿一样，是一种十分强劲的动力，尽管非常隐秘，但能为我们找到心灵上的平衡点，让我们享受幸福快乐的人生。

结束语 ←

思想决定生活是否幸福。

——[罗马]马可·奥勒留

Fleetwood Mac[1] 唱道：

如果能让时光倒流，

我愿意与外面的世界隔绝，

一天，或者两天。

但时光不会倒流，

所以我从我的生命中抽出一天，

去相信你，

请对我说谎吧。

心甘情愿地接受谎言，并且镇定自若地承认谎言，在生活中，这

---

[1] Fleetwood Mac: 英国乐队，成立于 20 世纪 60 年代末，风格几经变革，最终创造出一种成熟而富有感情的软摇滚音乐风格，专辑《RUMOURS》在美国累积销量超过一千七百万张。该乐队对 20 世纪 80 年代之后的流行乐坛产生了十分广泛的影响，1993 年入主摇滚名人堂，成为名垂乐史的摇滚乐队。

被认为是一种精于世故的处事方法。从来没有人可以一直保持诚实，如果有人对你说谎，这可能意味着：

他想成为你的朋友；

他希望像你一样聪明；

他只想单纯地做一个好人；

他想从你这儿得到一些东西；

他想赢得你的好感；

他想保护你，想做一些对你有好处的事。

或者没那么复杂——可能是你使他感到了抱歉，而这仅仅是他友好的表现；又或者，他想为自己的故事增加一个亮点。

让我们来回顾一下有关谎言和真相的一切。

◆ 不要试图抛弃谎言、一度沉湎于追逐真相中，因为不是每个时间点、每个场合都适合说出真相。我们不自觉地说谎，同时偶尔也需要刻意说谎——当我们表达礼貌、友好、恭敬、信任、正义和爱的时候，谎言不可或缺，而伦理道德和社交规则也要求我们说谎。

◆ 我们接触的、知道的事物，没有一样是必须要保持绝对真实的。真实或者谎言，有时只是立场问题，因此，这是一个感性的问题、主观的问题。

◆　说真话或说假话并不能决定一个人是否道德，如果能考虑到这两种行为所带来的结果并进行权衡，那么就是一个十分道德的举动。两个不同的人站在同一起点上，也很容易做出不同的决定，或道德，或不道德。

◆　为了能在这个社会很好地生存下去，我们需要小心保守自己和他人的秘密。但保守秘密需要正确的、现实的方法和技巧，否则没有人能够一直保守下去。若你忽视了这一点，将是非常致命的，并且是极其愚蠢的。

◆　自我欺骗是人类自己研发的最神奇的软件之一。

◆　动物可以伪装自己，但只有人类具有综合的制造假象的能力。我们应该善于运用我们这项特殊的才能。